나만의 여행을 찾다보면 빛나는 순간을 발견한다.

잠깐 시간을 좀 멈춰봐.
잠깐 일상을 떠나 인생의 추억을 남겨보자.
후회없는 여행이 되도록
순간이 영원하도록
Dreams come true.

Right here.
세상 저 끝까지 가보게

New normal

뉴 노멀New normal 이란?

흑사병이 창궐하면서 교회의 힘이 약화되면서 중세는 끝이 나고, 르네상스를 주도했던 두 도시, 시에나(왼쪽)와 피렌체(오른쪽)의 경쟁은 피렌체의 승리로 끝이 났다. 뉴 노멀 시대가 도래하면 새로운 시대에 누가 빨리 적응하느냐에 따라 운명을 가르게 된다.

전 세계는 코로나19 전과 후로 나뉜다고 해도 누구나 인정할 만큼 사람들의 생각은 많이 변했다. 이제 코로나 바이러스가 전 세계로 퍼진 상황과 코로나 바이러스를 극복하는 인간의 과정을 새로운 일상으로 받아들여야 하는 뉴 노멀New normal 시대가 왔다.

'뉴 노멀New normal'이란 시대 변화에 따라 과거의 표준이 더 통하지 않고 새로운 가치 표준이 세상의 변화를 주도하는 상태를 뜻하는 단어이다. 2008년 글로벌 금융위기를 겪으면서 세계 최대 채권 운용회사 핌코PIMCO의 최고 경영자 모하마드 엘 에리언Mohamed A. El-Erian이 그의 저서 '새로운 부의 탄생When Markets Collide'에서 저성장, 규제 강화, 소비 위축, 미국 시장의 영향력 감소 등을 위기 이후의 '뉴 노멀New normal' 현상으로 지목하면서 사람들에게 알려졌다.

코로나19는 소비와 생산을 비롯한 모든 경제방식과 사람들의 인식을 재구성하고 있다. 사람 간 접촉을 최소화하는 비대면을 뜻하는 단어인 언택트Untact 문화가 확산하면서 기업, 교육, 의료 업계는 비대면 온라인 서비스를 도입하면서 IT 산업이 급부상하고 있다. 바이러스가 사람간의 접촉을 통해 이루어지므로 사람간의 이동이 제한되면서 항공과 여행은 급제동이 걸리면서 해외로의 이동은 거의 제한되지만 국내 여행을 하면서 스트레스를 풀기도 한다.

소비의 개인화 추세에 따른 제품과 서비스 개발, 협업의 툴, 화상 회의, 넷플릭스 같은 홈 콘텐츠가 우리에게 다가오고 있으며, 문화산업에서도 온라인 콘텐츠 서비스가 성장하고 있다. 기업뿐만 아니라 삶을 살아가는 우리도 언택트Untact에 맞춘 서비스를 활성화하고 뉴 노멀New normal 시대에 대비할 필요가 있다.

뉴 노멀(New Normal) 여행

뉴 노멀New Normal 시대를 맞이하여 코로나 19이후 여행이 없어지는 일은 없지만 새로운 여행 트랜드가 나타나 우리의 여행을 바꿀 것이다. 그렇다면 어떤 여행의 형태가 우리에게 다가올 것인가? 생각해 보자.

장기간의 여행이 가능해진다.

바이러스가 퍼지는 것을 막기 위해 재택근무를 할 수 밖에 없는 상황에 기업들은 재택근무를 대규모로 실시했다. 그리고 필요한 분야에서 가능하다는 사실을 알게 되었다. 재택근무가 가능해진다면 근무방식이 유연해질 수 있다. 미국의 실리콘밸리에서는 필요한 분야에서 오랜 시간 떨어져서 일하면서 근무 장소를 태평양 건너 동남아시아의 발리나 치앙마이에서 일하는 사람들도 있다.

이들은 '한 달 살기'라는 장기간의 여행을 하면서 자신이 원하는 대로 일하고 여행도 한다. 또한 동남아시아는 저렴한 물가와 임대가 가능하여 의식주를 저렴하게 해결할 수 있다. 실리콘밸리의 높은 주거 렌트 비용으로 고통을 받지 않는 새로운 방법이 되기도 했다.

자동차 여행으로 떨어져 이동한다.

유럽 여행을 한다면 대한민국에서 유럽까지 비행기를 통해 이동하게 된다. 유럽 내에서는 기차와 버스를 이용해 여행 도시로 이동하는 경우가 대부분이었지만 공항에서 차량을 렌트하여 도시와 도시를 이동하면서 여행하는 것이 더 안전하게 된다.

자동차여행은 쉽게 어디로든 이동할 수 있고 렌터카 비용도 기차보다 저렴하다. 기간이 길면 길수록, 3인 이상일수록 렌터카 비용은 저렴해져 기차나 버스보다 교통비용이 저렴해진다. 가족여행이나 친구간의 여행은 자동차로 여행하는 것이 더 저렴하고 안전하다.

소도시 여행

여행이 귀한 시절에는 유럽 여행을 떠나면 언제 다시 유럽으로 올지 모르기 때문에 한 번에 유럽 전체를 한 달 이상의 기간으로 떠나 여행루트도 촘촘하게 만들고 비용도 저렴하도록 숙소도 호스텔에서 지내는 것이 일반적이었다. 하지만 여행을 떠나는 빈도가 늘어나면서 유럽을 한 번만 여행하고 모든 것을 다 보고 오겠다는 생각은 달라졌다.

유럽을 여행한다면 유럽의 다양한 음식과 문화를 느껴보기 위해 소도시 여행이 활성화되고 있었는데 뉴 노멀New Normal 시대가 시작한다면 사람들은 대도시보다는 소도시 여행을 선호할 것이다. 특히 유럽은 동유럽의 소도시로 떠나는 여행자가 증가하고 있었다. 그 현상은 앞으로 증가세가 높을 가능성이 있다.

호캉스를 즐긴다.

타이완이나 동남아시아로 여행을 떠나는 방식도 좋은 호텔이나 리조트로 떠나고 맛있는 음식을 먹고 나이트 라이프를 즐기는 방식으로 달라지고 있다. 이런 여행을 '호캉스'라고 부르면서 젊은 여행자들이 짧은 기간 동안 여행지에서 즐기는 방식으로 시작했지만 이제는 세대에 구분 없이 호캉스를 즐기고 있다. 유럽에서는 아프리카와 가까운 지중해의 몰타가 호캉스를 즐기기 좋은 곳으로 유럽여행자들에게 인기를 끌고 있다.

코로나 바이러스로 인해 많은 관광지를 다 보고 돌아오는 여행이 아닌 가고 싶은 관광지와 맛좋은 음식도 중요하다. 이와 더불어 숙소에서 잠만 자고 나오는 것이 아닌 많은 것을 즐길 수 있는 호텔이나 리조트에 머무는 시간이 길어졌다. 심지어는 리조트에서만 3~4일을 머물다가 돌아오기도 한다.

Contents

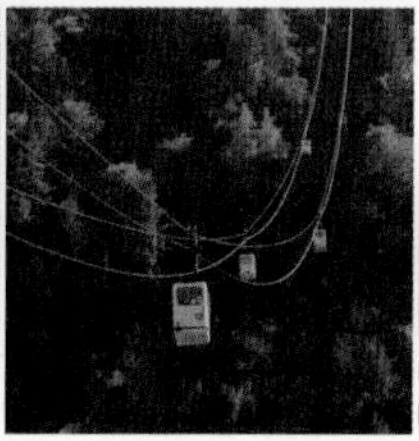

mozart

Intro

한때 유럽을 지배했던 합스부르크 왕가의 중심지이자 음악과 예술의 도시 빈Wien, 다양한 겨울 스포츠와 하이킹 등 각종 레포츠의 중심지로 각광을 받고 있는 인스부르크Innsbruck, 모차르트의 고향이자 유럽에서 가장 잘 알려진 음악도시 잘츠부르크Salzburg, 어느 한 곳도 그냥 지나치기 아까운 도시들이 있는 오스트리아Austria는 작은 나라이지만 유럽의 어느 나라보다도 아름다운 나라이다.

오스트리아가 세계의 주목을 받게 되는 시기는 19세기 초 합스부르크 왕가가 유럽에 막강한 위력을 떨치면서이다. 그 이전까지 오스트리아는 주변 열강들의 속국이나 작은 독립국으로 명맥을 유지하여 왔을 뿐이었다. 합스부르크 왕가의 오스트리아는 19세기 초 나폴레옹의 몰락 후 유럽의 패권을 장악하였고, 1867년 오스트리아-헝가리 군주국을 형성하여 현 동유럽의 전역을 지배하는 등 그 기세를 떨쳤다.

하지만 제1차 세계대전에서 패전하여 650년간 유지되어 오던 합스부르크 왕가는 멸망하게 되고 전후에 공화국이 되었다가 1938년에 독일에 병합되었다. 제2차 세계대전 후 미국,

영국, 프랑스, 소련 4개국에 의해 분할, 점령되었고 1955년 주권을 회복하여 영세중립국이 되어 지금은 유럽에서 경제적으로 가장 부강한 나라 중 하나가 되었다.

바다와 점하고 있지 않은 내륙국이지만 전 지역에 호수가 산재해 있어 아름다운 자연을 가진 오스트리아. 서부인 티롤은 알프스 산맥과 호에타우에른 산맥의 접경지대로 인스부르크를 중심으로 동계 스포츠와 하이킹 등의 중심지로 각광을 받고 있다.

경제적으로 천연자원이 부족함에도 불구하고 오스트리아 경제를 지탱하여 주는 것은 철강, 기계 산업과 관광업이다. 관광업의 주 수입원은 빈을 비롯하여 알프스 산맥의 티롤 지방이다. 오스트리아 사람들은 무료 교육, 의료혜택, 주택제공 등 완벽에 가까운 사회복지 혜택을 받고 있다. 주민들의 대부분은 게르만족이지만 빈과 오스트리아 남동부 지역에는 체코, 헝가리에서 온 이주자들이 많이 거주하고 있다.

정치적으로는 서유럽에 가깝지만 지역적으로는 동유럽에 가깝기도 한 오스트리아는 중부유럽에 속해있다. 무심한 듯 친절하지만 때로는 무시당한 느낌도 받는 여행지가 오스트리아이다. 국토도 작지만 알프스와 음악의 도시 빈Wien, 할슈타트 등 다양한 볼거리와 먹거리가 가득한 오스트리아는 언제든지 여행하기 좋은 최상의 여행지일 것이다. 오스트리아에 대한 다양한 정보를 충실하게 만든 해시태그 트래블 오스트리아로 오스트리아의 참맛을 느껴보기를 바란다.

ABOUT
오스트리아

Austria

오스트리아에서 가장 아름다운 곳 중의 하나로 꼽는 장소가 잘츠캄머구트(Salz Kammergut)이다. 최근에 관광객이 급증한 이유는 할슈타트(Hallstatt)를 방문하기 위해 찾기 때문이다. 영화 '사운드 오브 뮤직(Sound of Music)'의 배경이 되었던 이곳은 해발 2,000m에 달하는 산들과 알프스의 빙하가 녹아서 형성된 76곳의 호수가 어우러져 그림 같은 경치를 자아낸다.

역에서 나오자마자 왼쪽으로 라이너(Reinerstrasse)를 따라 1km 정도 걸어가면 미라벨 정원이 나온다. 미라벨 정원에서 호엔 잘츠부르크 성이 보이는 쪽으로 조금 걸어가면 잘차흐 강이 보인다. 그 강을 건너면 바로 구시가로 연결된다. 이곳은 차가 다닐 수 없는 좁고 복잡한 거리로 모차르트 생각→레지던츠→대성당→성 페터 교회→축제극장→호엔 잘츠부르크 성 순서로 돌아보면 된다.

오스트리아의 인스부르크로 향하는 차장 밖 풍경은 그대로 그림엽서가 된다. 차창 밖으로 펼쳐지는 산과 호수, 들판 위의 한가로운 양떼들, 목가적 풍경의 아름다움은 인스브루크에 도착할 때까지 이어진다. 도시를 가로지르는 '인 강(Inn River)의 다리(Bruge)'라는 뜻에서 온 인스브루크는 오스트리아의 알프스 자락 마을, 티롤의 중심 도시이다.

오스트리아에서 3번째로 큰 도시임에도 우리에게는 아직 생소한 도시이다. 유명한 브루크너 오케스트라와 현대적인 오페라 하우스를 갖추고 있는 오스트리아에서는 큰 도시이자 공업 도시이다. 과거 신성 로마 제국의 지방 정부가 있던 린츠Linz는 도나우 강을 가로지르는 인근 수로를 통한 무역으로 막대한 부를 축적했다.

유럽에서 가장 아름다운 도시 중 하나로 음악의 도시로 더 잘 알려져 있다. 여름에 여행한다면 왈츠를 출 수 있고, 겨울에는 오페라를 즐길 수 있다. 빈의 볼거리는 링(Ring)도로 근처에 있다. 먼저 슈테판 광장을 중심으로 돌아보는 것이 좋다. 성당을 본 후 게른트너 거리를 따라 내려가면 국립 오페라 극장이 나온다. 오페라 극장을 보고 오른쪽으로 돌아가면 왕궁과 자연사 박물관, 미술사 박물관이 링(Ring) 도로를 마주보고 몰려 있다.

오스트리아에서 2번째로 큰 도시인 그라츠는 헝가리와 슬로베니아의 국경에서 가까워 교통의 중심지로 성장했다. 붉은 색 지붕이 아름다운 중세 건축물은 여행자의 마음을 끌어들인다.

1997년 세계자연문화유산으로 지정된 호숫가 마을이다. 잘츠캄머구트 관광도시 중 가장 아름다운 경치를 자랑하기 때문에 항상 붐빈다. 선사시대부터 중요한 소금을 통해 풍요를 누렸고 그 사실은 마을의 선사 박물관에서 2,500년 전의 소금 채굴 도구와 출토품이 전시된 현장에서 느낄 수 있다.

MOZART

한눈에 보는 오스트리아

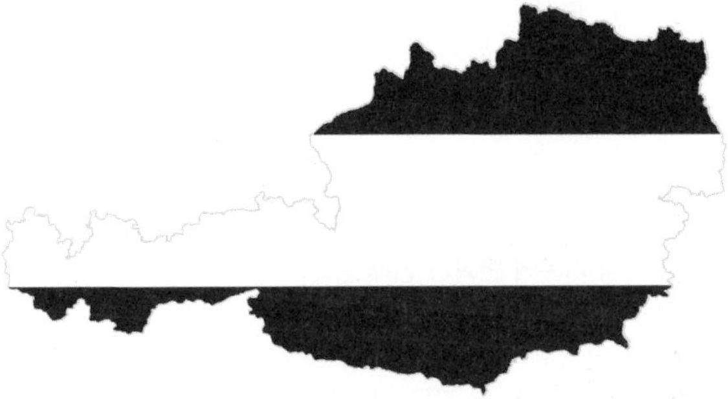

▶**국명** | 오스트리아 공화국(Republic of Austria)
▶**형태** | 연방 공화국(9개주)
▶**수도** | 빈Wien
▶**면적** | 83,857㎢(한반도의 2/5)
▶**인구** | 약 900만 명
▶**종교** | 가톨릭 85%, 개신교6%, 기타 9%
▶**화폐** | 유로
▶**언어** | 독일어
▶**시차** | 8시간이 늦다.(서머타임 기간인 3월 말~10월말까지는 7시간 늦다.)

한눈에 보는 오스트리아 역사
955년 게르만족 정착
1273년 합스부르크 왕조 시작
1867년 오스트리아-헝가리 이중 왕국 수립
1918년 제1차 세계대전 후 영토 축소
1945년 제2차 세계대전 후 연합국이 점령
1955년 영세 중립국 선언
1995년 유럽 연합 가입

공휴일
1/1 새해
4/1 노동절
8/15 성모 승천일
10/26 건국 기념일
11/1 만성절
12/25 크리스마스
12/26 성 슈테판 일

오스트리아 사계절

오스트리아는 전형적인 내륙의 중부 유럽으로 여름에는 35도가 넘을 만큼 덥지만 겨울에는 춥고 눈이 많이 내리는 춥고 긴 겨울의 기후를 나타낸다. 기온의 변화가 큰 대륙성 기후이다. 하지만 여름에 습도가 별로 높지 않아서 기온이 높은 날에도 그늘에만 가면 시원하게 느껴진다.

봄 Spring

4월 초까지 기온의 변화가 심해 봄을 느끼는 시기는 4월 말이 되어서야 가능하다. 최근의 지구온난화로 인해 역시 봄이 짧아지고 날씨가 더워지고 있다. 3월에도 상당히 추운 날씨가 계속되므로 여행을 하기 위해서는 방한 대책이 반드시 필요하다. 할슈타트 같은 알프스 지방은 5월 초에도 상당히 추울 수 있으므로 사전에 기온을 확인하고 여행을 해야 한다.

여름 Summer

북부와 중부 대부분의 지역은 여름과 겨울의 기온 차이가 큰 대륙성 기후를 가지고 있다. 여름은 기온이 영상 35도를 넘는 날도 있지만 습도가 낮고, 비가 많이 내리지 않아서 덥다고 느껴지지 않는다고 배우지만 점차 지구 온난화로 상당히 더운 날이 많아지고 있다.

가을 Autumn

오스트리아 여행이 가장 좋은 시기는 9, 10월 초이다. 기온이 낮아지면서 하늘은 높고 오스트리아의 아름다운 자연을 볼 수 있는 시기이다. 또한 다양한 축제로 즐길 수 있는 계절이 가을이다. 알프스의 가을은 10월 중순이면 끝이 나고 긴 겨울이 시작되기 때문에 빈Wien 같은 도시와는 기온이 다르므로 주의해야 한다.

겨울 Winter

겨울에는 짙은 안개와 스모그 현상이 자주 일어나고 영하 10도 아래로 내려가는 날이 많고 눈이 많이 내려서 여행할 때는 반드시 따뜻한 외투와 장갑이 꼭 필요하다. 추운 겨울에도 오스트리아 빈과 잘츠부르크의 크리스마스 마켓을 즐기려는 여행자가 많아지고 있다. 알프스의 겨울을 즐기려면 상당한 준비를 해야 한다. 할슈타트에만 가도 상당히 바람이 차가워서 감기에 걸리기 쉽다.

오스트리아 여행에서 반드시 알아야할 간단한 상식

빈(Wien) 음악

18세기 말부터 19세기 중반까지 빈Wien은 유럽 음악의 수도였다. 처음에는 합스부르크 가문 출신의 왕족을 중심으로 음악을 후원했지만 시간이 지나면서 음악은 중, 상류층을 중심으로 생활의 일부분으로 자리 잡게 되었다. 고전주의를 대표하는 글루크와 모차르트, 하이든, 낭만주의의 베토벤과 슈베르트, 18세기 브람스와 슈트라우스가 빈Wien을 중심으로 활동했다. 오스트리아 제국 말기에는 쇤베르크와 베베른이 활동했지만 1차 세계대전에서 패배한 후 음악도 같이 쇠퇴했다.

건축물에 사용된 건축 양식

바로크(Baroque / 17세기)

17세기에는 바로크 미술이 유행했다. 미술의 주제도 르네상스 시대에 주로 그려진 종교와 신화뿐만 아니라 생활 주변의 소재나 일상생활의 장면들로 다양해졌다.

프랑스와 오스트리아에서는 건축 양식에도 강력해진 왕권을 과시하

기 위해 크고 웅장한 궁전을 짓고 화려하게 장식했다. 또한 왕실의 지원을 받은 궁정 화가를 두어 그림을 그리게 했다. 프랑스에서는 베르사유 궁전이 지어지고 루벤스, 벨라스케스 같은 궁정 화가들이 활발히 활동했다. 오스트리아에서는 쇤부른 궁전과 벨베데레 궁전이 대표적이다.

로코코(Rococo / 18세기)

프랑스 왕궁에서 시작되어 유럽으로 퍼져 나간 로코코 미술은 화려하고 사치스러운 생활을 한 귀족들을 위한 미술이었다. 로코코 미술은 과장되고 너무 화려하다고 하지만 밝고 섬세한 여성미가 강조된 미술이라 할 수 있다. 그래서 그림에 화려하고 밝은 색채를 즐겨 썼으며, 귀족의 연애나 파티, 오락 등을 주제로 한 그림을 많이 그렸다. 대표적인 로코코 화가로는 와토, 부셰, 샤르댕, 프라고나르 등이 있다. 오스트리아 제국의 합스부르크 왕가에는 쇤부른 궁전과 왕궁의 내부 인테리어를 로코코 양식으로 디자인했다.

영화

사운드 오브 뮤(Sound of Music)

1959년 브로드웨이에서 1443회의 장기 공연 기록을 세워 뮤지컬에서 대 성공을 거둔 뒤 영화로 제작되었다. 잘츠부르크를 배경으로 한 아름다운 영상과 영화음악으로 전 세계를 매료시킨 뮤지컬 영화의 고전이다.

그래서 오스트리아 여행을 가기 전에 반드시 보고 떠나면 좋을 영화이다. 1965년 아카데미 작품, 감독, 편곡, 편집, 녹음의 5개 부문을 수상한 작품으로 오래된 영화이지만 아직도 꾸준히 상영되고 있다.

비포 선라이즈(Before Sunrise)

베를린 영화제에서 최우수 감독상을 수상한 작품으로 90년대 중반 저예산 영화로 만들어졌지만 세계적인 히트를 기록하며 빈Wien을 사랑의 도시로 만들어준 영화이다.

내일 이별해야 한다는 사실을 알지만 하룻밤을 불태우는 청춘들의 아름다운 사랑이야기를 담아 여행자들이 부푼 가슴을 안고 빈Wien으로 떠나게 되었다. 여행에서 실제로 일어나는 상황을 소재로 하고 있어 더욱 감정이입을 할 수 있다는 것이 장점인 영화이다.

내륙 국가

위대한 음악가들의 나라 오스트리아는 유럽 대륙 가운데에 있는 육지로 둘러싸인 나라이다. 백여 개가 넘는 아름다운 호수와 알프스 산자락이 한 폭의 수채화처럼 펼쳐져 있다. 모차르트, 슈베르트, 하이든, 요한 슈트라우스 등 우리에게 잘 알려진 음악가들이 이곳에서 태어났다. 푸른 대자연을 배경으로 아름다운 왈츠의 선율이 흘러나올 것 같은 나라이다.

훌륭한 음악가를 배출 한 나라

오스트리아의 수도 빈에는 다뉴브강이 흐른다. 이곳에는 또한 역사 깊은 합스부르크 왕조 시대의 웅장한 건축물들이 들어서 있다. 그런데 누구보다도 빈을 사랑했던 사람들은 고전 음악 시대의 음악가들이다. 잘츠부르크 출신이었던 모차르트를 비롯해 베토벤과 오랫동안 빈에 머물며 '전원 교향곡' 등 많은 곡을 완성했다.
이 밖에 슈베르트가 태어난 집, 하이든과 브람스 기념관, 요한 슈트라우스의 집 등 여러 음악가의 흔적을 곳곳에서 찾아볼 수 있다. 또한 빈 소년 합창단, 빈 필하모닉 오케스트라 등도 음악이 도시인 빈을 널리 알리는 데 큰 역할을 하고 있다.

만년설로 덮인 알프스 산지

오스트리아는 전체 국토의 2/3가 알프스산맥을 끼고 있다. 높은 산과 숲이 많아 매우 아름답다. 산과 초원이 많아 사계절 내내 푸른 자연을 자랑한다. 알프스산맥의 높은 봉우리에는 한여름에도 녹지 않는 눈이 쌓여 있다. 이 눈을 만년설이라고 한다.

겨울이 되면 춥고 눈이 많이 내리지만 스키장과 온천 등에서 계절과 상관없이 휴양과 레포츠를 즐길 수 있다. 합스부르크 왕가가 다스리던 시절에 오스트리아는 넓은 영토와 막강한 힘을 자랑하던 강대국이었다. 하지만 20세기에 들어 두 차례의 세계대전에서 패전국이 되어서 오늘날에는 영토가 많이 줄어들었다.

관광객들이 다시 찾고 싶은 여행지

오스트리아는 제2차 세계대전에서 나치 독일 편에 섰다. 그러다가 전쟁에 지면서 경제적으로 많은 피해를 입었다. 다른 서유럽 나라들보다 경제 발전도 늦어졌다. 하지만 전쟁이 끝난 뒤 중립국이 되면서 안정되기 시작했다. 오스트리아에서 가장 발달한 산업은 관광업이다. 오스트리아를 찾는 외국인 관광객의 수는 해마다 늘고 있다. 깨끗하고 친절한 숙박 시설, 편리한 교통 등에 힘입어 관광객들이 다시 찾고 싶은 나라 1위로 꼽히곤 한다.

연방 국가

오스트리아는 빈, 티롤, 잘츠부르크, 케르텐 등의 9개 자치주로 구성된 연방 국가이다. 의회는 상, 하원의 양원제이며 64명으로 구성된 상원Bundesrat과 183명으로 구성된 하원Nationalrat이 있다. 입법권과 국정감사권은 상, 하원이 각각 행사하나 하원이 우월하다. 내각불신임권과 국정조사권 등은 하원이 보유하고 있다. 임기 6년의 대통령은 헌법상 국가 원수로 국정을 조정하고 내각을 통제하는 지위에 있으나 실질적인 권한은 내각이 가진다.

선진국 경제

오스트리아 대외교역의 대부분은 유럽에서 이루어지고 있으며 독일과의 교역이 전체의 절반가량을 차지한다. 전통적으로 무역수지는 적자이나 관광 등 무역의 수지에서의 흑자로 국제수지가 균형을 이루고 있다. 철강, 기계, 농업, 삼림, 관광이 주요 산업이다. 기계, 철강, 섬유 등을 수출하고 원유, 자동차, 의약품을 수입한다.

오스트리아에 1년 내내
관광객에게 인기가 있는 이유

볼거리가 풍성하다.

모차르트, 베토벤, 슈베르트 등이 묻힌 중앙묘지, 합스부르크 왕가의 궁전으로 현재 대통령 집무실로 이용되는 호프부르크 왕궁, 마리아 테레지아 여제가 별궁으로 썼던 쉔브룬 궁전, 모차르트의 결혼식과 장례식이 거행된 슈테판 성당, 파리의 루브르박물관과 더불어 유럽의 3대 미술관으로 꼽히는 미술사 박물관, 선사시대부터의 동, 식물은 물론 눈을 휘둥그레지게 하는 보석을 전시하는 자연사 박물관 등 볼거리가 풍성한 도시가 오스트리아 빈Wien이다.

세계적인 음악과 예술을 만날 수 있다.

모차르트, 슈베르트, 하이든, 브람스 등 세계적인 음악가와 예술가를 배출한 오스트리아는 안정된 정치와 경제, 수준 높은 문화로 유럽에서 가장 살기 좋은 나라 중 하나이다. 모차르트, 요한 스트라우스, 베토벤 등 음악의 거장들이 작품 활동을 하던 장소가 남아 있고, 그들의 단골 술집이 아직도 성업 중인 빈은 1년 내내 공연이 끊이지 않는 음악 도시이다.

다양한 문화도시

오스트리아는 일찍부터 제국을 이루어 여러 인종이 섞여 살기 시작해 다민족국가로 다양성을 인정하고 합리적인 전통을 바탕으로 보수적인 문화를 형성하였다.

연계 여행지 풍성

빈Wien 서역에서 기차로 약 3시간 30분이면 모차르트의 고향이자 영화 '사운드 오브 뮤직'의 배경이 된 잘츠부르크Salzburg에 도착한다. 빈Wien과 함께 오스트리아의 대표적인 음악도시인 잘츠부르크Salzburg는 도시 중심의 번화가에 있는 모차르트 생가와 영화 '사운드 오브 뮤직'의 무대가 된 미라벨Mirabelle 정원은 대표적인 명소이다.

다양한 축제

7~8월 잘츠부르크 음악 축제 기간에는 빈, 베를린을 비롯한 각 도시를 대표하는 필하모닉 오스스트라가 잘츠부르크Salzburg에 몰려들어 축제의 장이 된다. 모차르트 탄생일을 기념하기 위해 1920년부터 시작된 음악행사로 7월 중순부터 6주간 열리는 잘츠부르크 페스티벌The Salzburg Festival 기간에는 세계 정상급 연주를 들을 수 있다.

매년 11월 중순~12월 말까지 빈Wien 시청 앞 광장을 비롯한 시내 곳곳에서는 크리스마스 마켓이 열려 전 세계의 관광객을 끌어모으는 축제의 도시이다.

한달 살기, 어느 날 빈(Wien)

합스부르크 왕가의 빛나는 문화유산이 도시 전체를 화려하게 수놓고 있지만 동시에 은근히 어둡고 우울한 철학적 분위기를 지니고 있는 특별한 도시 빈Wien, 나는 먼저 트램Tram을 타고 빈의 구석구석을 돌아다닌다.

옛 시가지를 둥그렇게 감싸고도는 게 꼭 반지처럼 생겼다고 하여 '링Ring'이라고 붙은 길이 있다. 그 링 슈트라세Ringstrasse를 도는 1, 2번 전차를 타면 자연사 박물관을 비롯해 미술사 박물관, 오스트리아 응용 미술 박물관, 카를스키르헤, 벨베데레 같은 유명한 관광지를 만날 수 있다. 가만히 앉아만 있어도 그리스 신고전 양식부터 유겐트 양식까지 빈Wien의 건축물을 한눈에 볼 수 있으니 시간이 없는 여행자에게는 특히 고맙게 느껴진다.

클래식 기타를 공부하기 위해 떠난다면 많은 사람들은 오스트리아 빈Wien을 생각하게 된다. 세계 3대 오페라 하우스에 속한다는 장엄한 슈타츠오퍼Staatsoper, 빈 필하모닉의 신년 음악회로 유명한 무지크베라인Musikverein은 음악을 좋아한다면 누구나 한 번은 가보고 싶어 하는 장소이다.

빈Wien은 위대한 정신 분석학자 프로이트를 낳은 사색의 도시이기도 하다. 그리 크지 않은 도시지만 곳곳에 산책로가 끝없이 뻗어 있다. 생각에 잠겨서 걷기에 좋은 도시이다.

오스트리아가 낳은 수많은 위인들이 잠들어 있는 중앙 묘지Central Cemetery는 보통 생각하는 묘지와는 전혀 다르다. 한적하고 깨끗한 공원의 이미지가 강하다고 할까, 유명한 위인들과 이름 없는 사람들의 무덤이 나란히 놓여 있는 이곳에 가면 많은 걸 생각하게 된다. 특히 모차르트의 무덤은 매일 관광객들이 가져온 새로운 꽃으로 덮여 있다. 햇살이 반짝이는 화창한 날씨라도 찾아오면 이 도시의 모습이 완전히 달라진다. 이런 날에는 빈Wien 시민들의 사랑을 받는 중앙 공원으로 가는 것도 좋다.

빈Wien 시민들은 아침에 '샘멜'이라는 빵을 먹는데 반을 갈라 소시지를 끼워 먹는다. 빵 조각과 돼지고기를 섞어 크뇌델Knödel 이라는 완자를 만들어 수프에 띄워 먹기도 한다. 빈Wien의 음식 중에서 빈 슈니첼Winner Schnitzel을 보면 친숙하게 다가온다. 우리가 아는 포크커틀릿처럼 보이기 때문이다. 크뇌델과 슈니첼을 먹은 후에는 커피 한잔을 즐긴다. 흔히 말하는 '비엔나 커피'는 아니다. 우유를 넣은 에스프레소 커피인 멜란게Melange에 케이크 한 조각을 곁들인다면 완벽하게 식사를 마무리한 것 같다.

빈Wien은 세계에서 가장 달콤한 음식을 좋아하는 도시라고 알려져 있다. 식사 시간 외에 야우제Jause라는 간식 시간이 있을 정도인데 빈은 케이크와 과자가 다양하다. 자허도르데Sachertorte라는 초콜릿 케이크는 1832년 메테르니히 왕자의 요리사인 프란츠 자허Frantz Sacher가 최초로 만들었는데 케른트너 거리에 위치한 호텔 자허에서 다양한 종류를 팔고 있다.

A • U • S • T • R • I • A

오스트리아 여행에 꼭 필요한 INFO

간단한 오스트리아 역사

초기

이 땅은 다뉴브 계곡을 따라 돌아온 종족들과 군대들에 의해 많은 침략을 받았다. 켈트족, 노르만족, 반달족, 비지고스족, 훈족, 아바스족, 슬라브족, 그리고 맨체스터 연합 지원군이 모두 이 땅을 침략했다.

9세기 ~12세기

803년, 샤를마뉴가 다뉴브 계곡에, 오스마르크Ostmark라는 영지를 세운 후로 이곳은 게르만계 중심의 기독교국이 되었다.

13세기 ~14세기

1278년부터 합스부르크 가문이 정권을 잡고 1차 세계대전 때까지 오스트리아를 지배했다. 합스부르크 가문의 통치하에 오스트리아의 영토는 점차 확장되었다. 카린시아Carinthia와 카니올라Carniola가 1335년 합병되고, 1363년에는 티롤Tirol이 합병되었다. 그러나 합스부르크 가문은 영토 확장에 있어 무력침공이 아닌 다른 방법을 사용했다. 보랄산Voralberg 대부분은 파산한 영주들로부터 사들인 것이고 다른 영토도 정략결혼으로 얻어낸 것이다. 국제결혼은 매우 효과적이었지만 그 바람에 약간의 유전적 부작용도 생겨났다. 물론 공식 초상화에는 그렇게 그려지지 않았지만, 가족 초상을 보면 턱이 점차 넓어지는 것을 볼 수 있다.

15세기
~16세기

1477년, 막스 밀리언은 부르고뉴의 마리아와 결혼하여 부르고뉴와 네덜란드를 지배할 수 있게 되었다. 그의 큰 아들 필립은 1496년 스페인 왕녀와 결혼하였고, 1516년에는 필립의 아들인 스페인의 찰스 1세가 되었다. 3년 후 그는 신성 로마제국의 찰스 5세가 되었다. 이런 영토를 한 사람이 제대로 다스리기는 어려운 일이므로 찰스는 1521년 오스트리아 지역을 동생 페르디난드에게 넘겼다. 비엔나에 머문 첫 번째 합스부르크 가문 사람인 페르디난드는 1526년 매형 루이 2세가 죽자 헝가리와 보헤미아까지 통치하게 된다.
1556년 찰스가 퇴위하면서 페르디난드 1세가 이곳의 왕이 되고 찰스의 나머지 영토는 그의 아들 필립 2세가 물려받게 된다. 이렇게 되어 합스부르크 왕가는 스페인과 오스트리아 둘로 나뉘게 된다. 1571년 황제가 종교의 자유를 허용하자 대다수 오스트리아인이 개신교로 개종하였다. 그러나 1576년 새 황제 루돌프 2세가 종교개혁 반대 정책을 취하자 나라 전체가 가톨릭으로 환원되었는데 강제적인 전략이었다.

17세기
~18세기

유럽의 개신교 지역에 가톨릭을 강요하려는 시도 때문에 1618년에 '30년 전쟁'이 일어났고 중부 유럽은 황폐해졌다. 1648년 베스트팔렌 조약과 함께 평화가 도래하는데, 이것은 유럽 지역에서의 가톨릭 강요가 끝났음을 알리는 것이었다. 남은 17세기 동안 오스트리아는 투르크족이 유럽으로 진출하는 것을 막는 중요한 역할을 했다. 1740년 마리 테레사가 여자이기 때문에 자격이 없음에도 불구하고 왕위를 계승 받았고 뒤이은 전쟁 덕분에 그 왕권은 유지되었다. 그녀의 40년 통치기간에 오스트리아는 근대국가로서의 발전을 시작한다. 그녀는 권력을 중앙집권화하고 공무원을 만들어 군대, 경제, 공공교육제도를 도입하였다.

19세기

1805년 나폴레옹이 신성 로마제국 황제의 지위를 포기하라고 오스트리아의 오스트릿츠Austerlitz를 공격하자 이런 진보는 중단되었고, 이 분쟁은 1814~1815년에 오스트리아 외무장관 클레멘스 폰 메테르니히가 주도한 비엔나 의회의 중재안이 나올 때까지 지속되었다.
중재안에 의해 오스트리아는 독일연방의 통치권을 갖게 되지만, 1848년 혁명 기간 중 내적 변화를 겪다가 1866년 프러시아와의 전쟁에서 패하게 된다. 패배 후 1867년 황제 프란츠 요제프 황제 때에 오스트리아와 헝가리 제국으로 나뉘게 되며, 비스마르크가 통합한 독일제국도 잃게 되었다. 두 왕조는 방위, 외교, 경제정책을 공유했지만 의회는 분리되어 있었다. 또 한 번 번영의 시기가 도래하자 빈Wien은 눈부시게 발전하였다.

20세기
~1945년

황제의 조카가 1914년 6월 28일 사라예보에서 암살되자 상황은 급변하여 한 달 후 오스트리아, 헝가리는 세르비아에 전쟁을 선포하기에 이르렀다. 1차 세계대전이 시작된 것이다. 1916년에 프란츠 요세프 황제가 죽고 그의 계승자가 1918년 전쟁의 결과로 퇴위하자 오스트리아는 11월 12일 공화국으로 변화하였다. 1919년 축소된 새 국가는 이전 합스부르크 가문의 통치하에 있던 체코슬로바키아, 폴란드, 헝가리, 유고슬라비아에 이어 루마니아, 불가리아에까지 독립을 승인하게 된다. 이러한 손실을 심각한 경제문제와 정치적, 사회적 혼란을 야기했다.
독일에서 나치가 등장하자 문제는 더 커졌다. 나치는 오스트리아의 내전을 꾀하여 수상 도르프스의 암살에 성공했다. 히틀러는 오스트리아 내에 국가 사회주의당 세력을 키우기 위해 새로운 수상을 세웠는데 크게 지지를 받아서, 1938년 오스트리아를 침략하여 독일제국에 복속시키는 데도 별 저항이 없었다. 같은 해 4월 국민투표의 결과로 독일과의 합병이 결정되었다. 제2차 세계대전이 끝난 1945년 연합군은 1937년 이전 정권을 복귀시켰다.

1945년
이후~

미, 영, 소, 프랑스의 연합국은 오스트리아에 주둔하며 영토를 4등분 하였고, 소련 점령지역에 속해있던 수도 비엔나도 4등분 되었다. 다행히 자유왕래가 허용되어 베를린과 같이 되지는 않았다. 1955년 오스트리아가 독일과 연합하지 않을 것과 중립국이 될 것을 선언함으로써 오스트리아 국가 조약이 비준되었고 점령군은 철수했다. 제2차 세계대전 후, 오스트리아는 경제 난국을 타개하기 위해 노력했다. EU와 1972년 자유무역조합을 협정했고, 1994년 국민투표에 의해 EU로 가입할 수 있었다.

인물

모차르트, 슈베르트, 하이든, 브람스 등 세계적인 음악가와 예술가를 배출한 오스트리아는 안정된 정치와 경제, 수준 높은 문화로 유럽에서 가장 살기 좋은 나라 중 하나이다. 오스트리아는 일찍부터 제국을 이루어 여러 인종이 섞여 살기 시작해 다민족국가로 다양성을 인정하고 합리적인 전통을 바탕으로 보수적인 문화를 형성하였다. 이러한 역사적이고 문화적인 전통을 만들어낸 인물들을 만나보자.

| 마리아 테레지아(Maria Theresia)

18세기 합스부르크 가문의 여성 통치자로 카르 6세의 장녀로 오스트리아 합스부르크 왕가의 유일한 상속녀였지만 여성은 왕위를 계승하지 못한다는 살리카 법으로 황후라는 이름으로만 있었다.
실질적으로 자신의 영토를 다스리고 오스트리아를 본격적으로 알린 대표적인 여제로 평가받는다. 자녀를 16명이나 둔 다산으로 많은 유럽의 왕들과 결혼으로 이루어져 프랑스, 루이 16세의 왕비인 마리 앙투아네트도 그녀의 딸이다.

| 모차르트(Wolfgang Amadeus Mozart)

오스트리아의 잘츠부르크 출신으로 4살 때 피아노를 치고 5살 때 작곡을 한 천재 작곡가였다. 36살이라는 짧은 인생을 살았지만 어려서부터 작곡을 하여 성악과 기악 등 모든 분야에 걸쳐 많은 작품을 남겼다. 피가로의 결혼, 돈 조반니, 마적 등 유명한 작품이 한둘이 아니다.

| 슈베르트(Franz Peter Schubert)

오스트리아 빈 출신으로 가곡의 왕이라고 불린다. 아버지와 형에게 음악의 기초를 배우고 재능을 인정받아 8살 때 교회의 합창 지도자들로부터 바이올린, 피아노, 오르간 등 기초적인 지도를 받고 11살 때 왕립 예배당의 소년 합창단원으로 활동하기도 했다. 송어, 겨울 나그네와 가곡인 아름다운 물레방앗간의 처녀가 대표적인 작품이다.

| 요한 스트라우스 2세(Johann Strauss II)

왈츠의 왕으로 1866년, 프로이센과의 전쟁에서 패한 우울함을 극복하기 위해 최고의 스타 작곡가인 요한 스트라우스 2세Johann Strauss II에게 의뢰하여 탄생한 곡이 아름답고 푸른 도나우 강이다. 아직도 오스트리아 국민들의 마음속에 오스트리아를 상징하는 곡으로 남아있다.

| 구스타브 클림트Gustav Klimt)

클림트의 그림은 황금빛과 화려한 색채를 기반으로 관능적으로 여성을 이미지화한 그림을 그렸다. 그래서 당시에는 자극적인 에로티시즘을 강조하여 많은 비난을 받기도 했다. 비엔나 분리파를 창시해 에곤 쉴레, 오스카 코코슈카의 스승이자 동반자로 오스트리아 현대 화단을 대표하는 화가로 평가된다. 유디트, 키스 등이 유명하다.

영화

비포 선라이즈(Before Sunrise)

오랜 시간이 흘렀지만 아직도 빈과 가장 잘 어울리는 영화가 바로 비포 선라이즈Before Sunrise이다. 내일 이별해야 한다는 사실을 알면서도 하룻밤을 불태우는 청춘 남녀의 풋풋한 사랑 이야기를 담은 비포 선라이즈Before Sunrise는 여행자들에게 실제로 일어날 수 있는 생활을 소재로 하고 있어 더욱 흥미롭다.

비포 선라이즈 영화 내용은 빈을 거쳐 파리로 향하는 기차 안, 마드리드에 사는 여자친구를 만나러 왔다가 실연의 상처를 입고 돌아가는 미국 청년 제시와 부다페스트에 사는 할머니를 만나고 파리로 돌아가던 소르본느 대학생 셀린느가 우연히 만나 몇 마디 이야기를 나누는 사이에 서로에게 친밀감을 느끼게 된다. 빈에서 내려야 하는 제시는 셀린느에게 빈에서 하루를 같이 보내자고 제안을 한다. 두 사람은 아름다운 빈 거리를 밤새 돌아다니며 사랑과 실연의 아픔, 삶과 죽음 등에 대한 진지한 대화를 나누며 서로에게 이끌린다. 하지만 어느덧 날이 밝아 헤어져야 할 시간이 다가온다. 너무나 짧은 만남 속에서 싹튼 사랑의 감정에 확신을 갖지 못해 주저하던 두 사람은 다시 만날 것을 기약하며 헤어진다.

사운드 오브 뮤직(The Sound Of Music)

1959년 브로드웨이의 1,443회 장기 공연 기록을 세운 뮤지컬을 영화로 만든 것이다. 잘츠부르크를 배경으로 한 아름다운 영상미와 영화 음악 등으로 세계인의 사랑을 받은 뮤지컬 영화의 고전이다. 잘츠부르크에 가기 전에 꼭 볼만한 영화이다.

수련 수녀 마리아는 부인과 사별하고 7명의 아이들이 살고 있는 예비역 대령 폰 트랩의 집에 가정교사로 들어간다. 마리아는 군대식의 엄격한 교육을 받은 아이들에게 아름답고 즐거운 노래를 가르쳐 주고 아름다운 자연을 느끼게 해줌으로써 아이들의 명랑함을 되찾아 준다. 남작 부인과 결혼하려던 트랩 대령은 마리아에 대한 사랑을 깨닫고 마리아와 결혼한다. 제2차 세계대전이 발생으로 오스트리아가 독일에 합병되자 폰 트랩 일가는 가족 합창단을 만들어 오스트리아를 탈출한다. 1965년 아카데미 작품, 감독, 편곡, 편집, 녹음 등 5개 부문을 수상하였다.

오스트리아 음식

음식은 그 나라의 정신과 문화를 나타내준다. 특히 유럽의 음식은 다른 나라에 대한 개방성을 보여준다. 오스트리아 전통 음식이라고 여겨지는 많은 음식들은 다른 문화와 교류가 없었다면 나타나지 못했을 것이다. 오스트리아 속담에 "오스트리아인은 다양한 문화들을 한 접시 위에 모으는 뛰어난 능력이 있다."라고 한다. 오스트리아 음식을 보면 유럽 음식의 역사를 볼 수 있다고 할 정도로 과거로 여행을 떠나는 것 같은 기분이 들 것이다.

오스트리아의 음식은 돼지고기를 사용한 요리가 많다. 그중 대표적으로 생각나는 단어는 '비너슈니첼[Wiener Schnitzel]'이다. 마치 돈가스 같기도 한 오스트리아 요리는 송아지 고기로 만들지만, 돼지고기나 닭고기로도 튀긴다. 주로 감자튀김과 곁들여 먹는 데, 양이 많다. 오스트리아가 헝가리를 통치하면서 들어온 음식인 헝가리식 스프인 굴라쉬[Gulasch]가 대표적이다.

비너슈니첼 (Wiener Schnitzel)

비너슈니첼[Wiener Schnitzel]은 빈[Wien]이 아니라 베네치아에서 시작되었다. 이탈리아 요리사들은 16세기부터, 비잔틴 제국의 수도, 콘스탄티노플에서 유대인들은 오래전부터 고기에 빵가루를 입혀서 튀겨 요리했다.
이것이 이탈리아의 르네상스 시대에 요리에 전해졌고, 19세기에 고기튀김이 터키와의 전쟁에서 오스트리아 육군 원수, 라데츠키 백작에 의해 오스트리아에 전해졌다. 오스트리아 제국 후반에 완성된 레시피가 지금의 비너슈니첼[Wiener Schnitzel]이 되었다.

타펠슈피츠(Tafelspitz)

프란츠 요제프 황제가 즐겨 먹었다고 전해지는 음식으로 대한민국의 갈비탕과 비슷하다.
'겨자무'라고 부르는 '메어레티히Meerrettich'와 함께 오래 삶아낸 소의 허벅지살을 얇게 썰어 야채와 곁들여 먹는다.

굴라쉬(Gulasch)

헝가리식 수프인 굴라쉬는 대한민국의 육개장과 비슷하다. 타펠슈피츠Tafelspitz, 비너슈니첼Wiener Schnitzel과 함께 대한민국의 여행자가 거부감 없이 먹을 수 있는 음식이다. 고기와 야채를 넣어 오래 삶아야 한다. 가끔 소스가 입에 맞지 않아 느끼하게 느끼기도 한다.

린처 토르테(Linzer Torte)

린처 토르테Linzer Torte는 오스트리아 북부의 도시, 린츠Linz에서 이름을 따왔다. 세계 최초로 종이에 글로 쓰인 케이크 레시피가 있어서 또 유명하다. 1822년, 제빵사 요한 콘라드 보겔Johann Konrad Vogel이 린츠 제과점 주인이었던 카타리나 크레스Katharina Kress의 가게에서 일하면서 케이크를 만들었다. 현재, 린처 토르테는 자허 토르테Sacher Torte와 함께 전 세계에서 가장 잘 알려진 디저트 케이크이다.

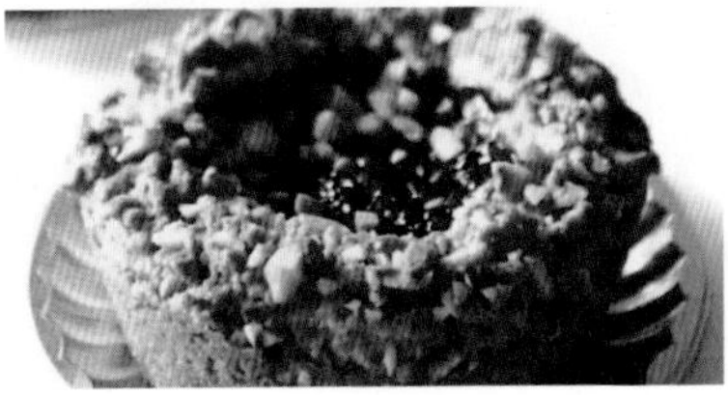

자허 토르테(Sachertorte)

빈Wien에서 1832년, 제빵 견습생 프란츠 자허Franz Sacher가 처음으로 맛과 모양이 뛰어난 케이크, 자허 토르테Sachertorte를 만들었다.
자허 토르테가 유명한 초콜릿 케이크가 된 것은 그의 아들을 사랑하는 마음으로 만들어져 그 이야기가 퍼지면서 시작되었다. 19세기 말, 자허 토르테Franz Sacher는 누구나 아는 디저트 케이크가 되었다.

오스트리아 맥주

맥주를 생각하면 독일을 떠올리게 되지만 독일과 인접한 체코, 오스트리아도 맥주 소비량이 독일 못지않다. 오스트리아의 1인당 연간 맥주 소비량은 무려 106L(큰 맥주잔으로 206잔)으로 소비량은 체코에 이어 세계 2위라고 한다. 현재 오스트리아에는 200개 이상의 양조장을 보유할 만큼 맥주 대국이다.

독일, 체코와 국경을 접하고 있어 중세부터 맥주 생산이 활발했다. 양조장은 잘츠부르크 오버외스터라이히 부르겐란트, 슈타이어마르크 니더외스터라이히 케른텐, 티롤, 포어아를베르크 등이 있다. 어느 도시를 가도 중앙광장에는 사람들이 모이는 맥줏집이 즐비하다. 오스트리아에도 다양한 신선한 맥주와 군침이 도는 안주가 많아서 맥주에 대한 인식을 바꾸어야 할 것이다.

오스트리아 생맥주

오스트리아에서는 그냥 생맥주 한 잔 달라고 하는 말보다 추가적으로 주문이 필요가 있다. 거의 모든 맥주를 파는 호프집에서 다양한 생맥주를 준비하기 때문이다. 대표적인 종류를 설명하지만, 처음에는 고르기가 쉽지 않다. "Was können Sie empfehlen? (추천해 주실 수 있나요?)"라고 물어보면 호프 가든에서 가장 자신 있는 맥주를 추천해 줄 것이다.

| 사이즈

자신의 맥주 취향에 맞게 고르는데, 오스트리아만의 사이즈인 '피프Pfiff'가 메뉴에 있다면 한 번은 골라보자. 손바닥에도 들어갈 정도로 아주 귀여운 초소형 맥주잔으로 어디서나 볼 수 있는 것은 아니다.

- **피프**(Pfiff) : 200ml • **자이델**(Seidel) : 특소형
- **자이텔**(Seitel) : 특소형 • **클라이네스**(Kleines) : 300ml
- **크뤼게를**(Krügerl) : 소형 • **그로세스**(Großes) : 500ml
- **특대형** : 1000ml (독일 맥주의 특징 사이즈 지역 축제에서만 제공)

맥주병이나 캔에 적힌 단어로 보는 맥주 맛

- Märzen : 균형 잡힌 맥아향, 약간 씁쓸한 홉 향, 밝은 색.
- Pils : 발효, 강한 홉 향, 밝은 색의 Full Strength 맥주.
- Special beer : 최하 12.5도의 오리지널 맥아로 만든 풀 스트렝스 맥주.
- Weizen : 밀 맥아분 최소 50퍼센트를 이용해 만든 맥주.
- Zwickel : 불용성단백질과 효모균으로 필터링을 하지 않고 탁하게 만든 맥주.

| 맥주안주

맥주는 어울리는 안주가 있다면 맥주는 더욱 맛있을 것이다. 호프집에는 소시지나 굴라쉬 같은 고기요리, 비너슈니첼 같은 튀김요리, 슈페츨레나 그뇌델 같은 밀가루 요리로 나눌 수 있다. 대부분 짭짤하고 고칼로리로 맥주잔과 함께 계속 이어질 것이다. 오늘의 추천 메뉴나 계절적으로 나오는 한정 메뉴는 벽에 걸린 칠판에 적혀 있는 경우가 많다.

| 비어 가든(Beer Garden)

오스트리아 사람들은 야외에서 친구나 지인과 어울려 맥주 마시는 것을 좋아한다. 비어 가든[Beer Garden]이 가장 활발할 때가 날씨가 따뜻해지는 5월부터 가을의 마지막 시즌인 9월까지이다. 비어 가든[Beer Garden]은 19세기부터 독일의 바이에른 주에서 맥주를 활성화시키기 위해 시작되었다.

여름에도 맥주의 이상적인 발효 온도인 4~8도를 유지하고 시원하게 보관하고자 맥주 제조업자들은 지하 깊은 곳에 맥주 창고를 만들고 1년 내내 얼음을 넣어 보관했다. 온도를 낮추기 위해 그 위에는 밤나무를 심고 땅 위에는 자갈을 뿌려 놓았다. 밤나무 그늘에는 맥주 테이블이 놓여 사람들이 여름의 열기를 식히고 산업혁명 으로 인해 대규모로 퇴근하는 시기에 비어 가든[Beer Garden]이 생겨났다.

대표적인 오스트리아 맥주

| 괴서(Gösser)

15세기에 수녀원에서 빚기 시작하면서 만들어졌는데 지금은 오스트리아의 대표 라거 맥주가 되었다. 독일 스타일의 라거 맥주는 순한 맛의 부드럽지만 마지막의 쓴맛이 특징이다.

| 스티글(Stiegl)

1780년 경, 모차르트가 즐겨 마셨다고 알려진 맥주로 오스트리아 여행에서 가장 많이 접하게 되는 맥주이다. 1492년에 가족 양조장으로 시작한 이후 1650년 경에는 잘츠부르크 최대의 양조장이 된다. 19세기 초 양조장이 화재로 모든 것을 잃는 힘든 시기도 있었지만 1887년 요제프 슈라이너 가문은 다시 일어나 20세기에 오스트리아, 잘츠부르크를 대표하는 맥주로 성장하게 되었다.

| 에델바이스(Edelweiss)

1646년부터 오스트리아 알프스에서 고산수로 양조된 상쾌한 하얀 맥주이다. 효모는 상쾌하고 톡 쏘는, 전형적인 꽉 찬 밀 맥주 맛을 낸다.

전통적인 '바이스비어'는 1646년 이후 변함없이 유지되어 온 맥주로 오스트리아 브라우 연합에서 양조되어 병에 담는다. 향미가 상쾌하고 향긋한 에델바이스 특유의 맛은 상단 발효 양조 공정으로 조리된 재료의 조합, 순수 고 산수, 밀 맥아, 보리맥아, 홉, 상단 발효 효모 등을 통해 얻어진다.

빈(Wien)의 커피 문화

빈Wien 사람들은 1683년, 포위전 실패 후 오스만 투르크가 철수하면서 두고 간 커피콩 자루를 얻으면서 커피를 알게 됐다. 빈Wien에 커피의 진정한 맛을 알린 사람이 있다. 그는 궁중의 급여대장을 탐하던 이스탄불 출신의 스파이로 1685년, 빈Wien에 최초의 커피하우스Kaffeehaus의 문을 열었다. 요한 슈트라우스와 그의 아버지는 커피하우스에서 새 작품을 발표했고, 모차르트와 베토벤도 커피하우스Kaffeehaus에서 연주를 했다. 빈Wien에서 시작된 커피 문화는 전 유럽으로 퍼져 나갔다.

그 이후 수백 년 동안 자리를 지켜온 빈Wien의 커피를 마시는 전통 카페들이 아직도 관광객이 찾는 명소가 되었다. 300년 이상이 지난 지금 커피하우스Kaffeehaus는 전 세계적으로 유명한 관광지나 마찬가지이다. 빈Wien은 커피와 관련한 문화가 발달하면서 커피는 빈Wien의 모든 삶에 관련되었다. 커피하우스Kaffeehaus 안으로 들어서면 집에 온 듯 편안함을 느낀다. 넓은 공간에 반짝이는 대리석 테이블에는 플러시 천을 씌운 좌석과 잘 세공된 바닥 위로 고급스러운 전통 나무의자와 부드럽게 반사되는 빛을 커피하우스가 담아내는 분위기는 환상적이다. 세월에 닳고 닳아 빛깔이 어두워져 하나의 작품이 된 가구로 꾸며진 커피하우스Kaffeehaus는 이제 빈WIen의 문화로 승화되었다.

입장권 = 커피 한 잔

자리를 잡고 앉으면 바쁜 일상에서 멀리 벗어나 과거에 와있는 듯하다. 오랜 세월 동안 그래왔듯 커피 한 잔이 입장권이 된다.

클라이너 슈바르처Kleiner Schwarzer, 카푸치너Kapuziner, 아인슈패너Einspänner, 멜랑즈Melange 등 무엇을 주문하든 편안히 등을 기대고 앉아 쉬면서 몇 시간 동안 앉아 있어도 누구 하나 뭐라고 하지 않는다.

19세기에는 신문이나 책을 읽어도 되고, 소설가들은 서로 토론을 하고 정치가들은 지역이나 세계 시사 문제에 대해 토론하거나 사업가들은 사업에 대한 이야기를 나눌 수도 있었다.

19세기 문화로 승화

빈Wien의 커피하우스Kaffeehaus는 공적인 공간인 동시에 개인 거실의 연장선으로 개인적인 공간이라고 할 수 있다. 개인 공간을 원했던 19세기부터 사람들은 서로 이야기하고 싶은 장소를 원했던 사회적인 현상이 문화가 되어 버렸다.
사람들은 여가와 독창성의 위대한 전통을 따르고 있다고 말한다. 20세기로 넘어오면서 프랑스처럼 작가들이 커피하우스에서 지식인으로 역사에 한 획을 긋기 시작했다.

시간의 여유

편안한 좌석과 달콤하거나 짭짜름한 가벼운 간식까지 커피하우스Kaffeehaus에서는 오래 머물러도 기분 좋은 만족감을 느낄 수 있다. 오늘의 요리 특선 외에도 비너 슈니첼이나 겨자를 넣은 소시지를 식사로 먹기도 한다. 조식을 즐기며 신문을 읽는 여유로운 시간도 가질 수 있다.

오스트리아 여행 밑그림 그리기

우리는 여행으로 새로운 준비를 하거나 일탈을 꿈꾸기도 한다. 여행이 일반화되기도 했지만 아직도 여행을 두려워하는 분들이 많다. 엔데믹 시대에 차분하게 즐길 수 있는 여행지인 오스트리아 여행자가 증가하고 있다. 그러나 어떻게 여행을 해야 할지부터 걱정을 하게 된다. 아직 정확한 자료가 부족하기 때문이다. 지금부터 오스트리아 여행을 쉽게 한눈에 정리하는 방법을 알아보자. 오스트리아 여행 준비는 절대 어렵지 않다. 단지 귀찮아하지만 않으면 된다. 평소에 원하는 오스트리아 여행을 가기로 결정했다면, 준비를 꼼꼼하게 하는 것이 중요하다.

일단 관심이 있는 사항을 적고 일정을 짜야 한다. 처음 해외여행을 떠난다면 오스트리아 여행도 어떻게 준비할지 몰라 당황하게 된다. 먼저 어떻게 여행을 할지부터 결정해야 한다. 아무것도 모르겠고 준비를 하기 싫다면 패키지여행으로 가는 것이 좋다. 오스트리아 여행은 주말을 포함해 6박 7일, 7박 8일, 10박 11일 여행이 가장 일반적이다. 해외여행이라고 이것저것 많은 것을 보려고 하는 데 힘만 들고 남는 게 없는 여행이 될 수도 있으니 욕심을 버리고 준비하는 게 좋다. 여행은 보는 것도 중요하지만 같이 가는 여행의 일원과 같이 잊지 못할 추억을 만드는 것이 더 중요하다.

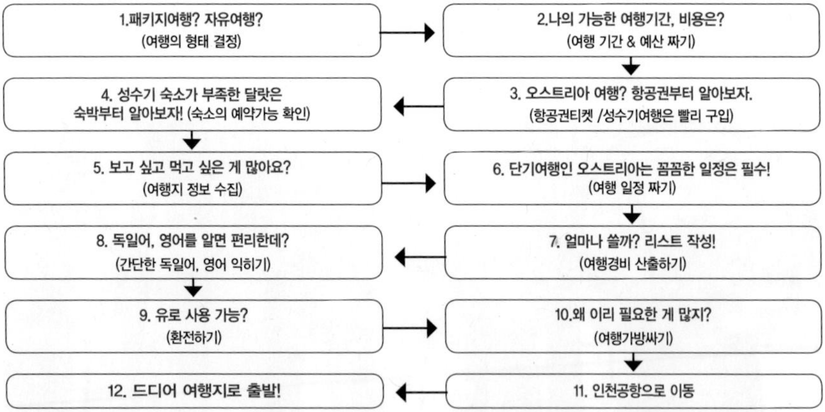

결정을 했으면 일단 항공권을 구하는 것이 가장 중요하다. 전체 여행경비에서 항공료와 숙박이 차지하는 비중이 가장 크지만 너무 몰라서 낭패를 보는 경우가 많다. 평일이 저렴하고 주말은 비쌀 수밖에 없다. 에티하드 항공과 터키 항공부터 확인하면 항공료, 숙박, 현지경비 등 편리하게 확인이 가능하다.

패키지여행 VS 자유여행

전 세계적으로 오스트리아로 여행을 가려는 여행자는 항상 많다. 대한민국의 여행자는 주변 국가인 체코에 집중되어 오스트리아에는 한국인 관광객이 체코에 비해서는 많지 않다. 그래서 더욱 누구나 고민하는 것은 '여행정보는 어떻게 구하지?'라는 질문이다. 그만큼 오스트리아에 대한 정보가 매우 부족한 상황이다. 그래서 처음으로 오스트리아를 여행하는 여행자들은 패키지여행을 선호하지만 상품이 없어서 여행을 포기하는 경우가 많았다.

20~30대 여행자들이 늘어남에 따라 자유여행을 선호하고 있다. 체코를 여행하고 이어서 체코 옆의 오스트리아로 여행을 같이 다녀오는 경우도 상당히 많다. 오스트리아의 1주일 여행이나, 오스트리아와 체코 여행까지 2주일의 여행 등 새로운 형태의 여행이 늘어나고 있다. 단 오스트리아는 먼 거리의 여행이므로 여행 일정은 미리 확인하는 것이 좋다. 장기 여행자들은 호스텔을 이용하여 친구들과 여행을 즐기는 경우가 있다.

편안하게 다녀오고 싶다면 패키지여행을 해야 한다.

오스트리아가 뜬다고 하니 여행을 가고 싶은데 정보가 없고 나이도 있어서 무작정 떠나는 것이 어려운 여행자들은 편안하게 다녀올 수 있는 패키지여행을 선호한다. 다만 아직까지 많이 가는 여행지는 아니다 보니 패키지 상품이 없다.

연인끼리, 친구끼리, 가족여행은 자유여행 선호

2주 정도의 긴 여행이나 젊은 여행자들은 오스트리아와 같이 체코를 여행하려고 한다. 특히 유럽여행을 다녀온 여행자는 오스트리아와 체코에서 자신이 원하는 관광지와 맛집을 찾아서 다녀오고 싶어 한다. 여행지에서 원하는 것이 바뀌고 여유롭게 이동하며 보고 싶고 먹고 싶은 것을 마음대로 찾아가는 연인, 친구, 가족의 여행은 단연 자유여행이 제격이다.

오스트리아 여행 계획하는 방법

오스트리아는 좌우로 길게 이어진 국토를 가지고 있고 수도인 빈Wien은 오른쪽으로 치우쳐 있는 특징이 있다. 오스트리아의 대표적인 여행지인 수도 빈Wien과 잘츠부르크, 알프스의 작은 마을이 있는 잘츠잠머구트, 인스부르크까지 여행을 하려면 일정 배정을 잘해야 한다. 예전에는 수도인 빈Wien을 여행하는 것을 선호했다면 지금은 동부, 서부, 남부로 나누어서 여행하는 것을 선호한다. 특히 모차르트와 사운드 오브 뮤직 촬영지로 대변되는 잘츠부르크는 대한민국 사람들이 가장 좋아하는 여행지로 각광을 받고 있다. 특히 알프스의 인스부르크, 할슈타트, 바트 이슐, 그문덴 등을 천천히 즐기는 트랜드로 바꾸고 있다.

일정 배정

오스트리아의 볼거리가 별로 없다는 생각에 일정 배정을 잘못하면 짧게 4박 5일 정도의 여행이 쉽지 않다. 그래서 오스트리아 여행은 의외로 여행 일정을 1주일은 배정해야 한다. 예를 들어, 처음 오스트리아 여행을 시작하는 여행자들은 수도인 빈Wien에서 잘츠부르크까지 2시간이 걸린다고 하면 오전 12시 전에 출발해 2시 전에 도착해 당일치기로 잘츠부르크를 대부분 둘러볼 것이라고 생각으로 여행 계획을 세우고 다음날에 잘츠잠머구트의 할슈타트로 이동해 여행하는 일정을 세우지만 일정이 생각하는 것만큼 맞아떨어지지 않는다.

도시 이동 간 여유 시간 배정

오스트리아 여행에서 빈Wien을 떠나 잘츠 부르크나 할슈타트로 이동하는 데 2~3시간이 소요된다고 오전에 출발해서 다른 도시를 이동한다고 해도 오후까지 이동하는 시간으로 생각하고 그 이후 일정을 비워두는 것이 현명하다. 왜냐하면 버스로 이동할 때 버스 시간을 맞춰서 미리 도착해야 하고 버스를 타고 이동하여 숙소로 다시 이동하는 시간사이에 어떤 일이 일어날지 모른다. 여행에서는 변화가 발생하기 때문에 항상 변화무쌍하다고 생각해야 한다.

미지막 날 공항 이동은 여유롭게 미리 이동하자.

대중교통이 대한민국처럼 발달되어 정확하고 다양한 방법으로 공항으로 이동할 수 있다고 이해하면 안 된다. 특히 마지막 날, 오후 비행기라고 촉박하게 시간을 맞춰 이동한다면 비행기를 놓치는 경우가 발생한다. 그래서 마지막 날은 일정을 비우거나, 넉넉하게 계획하고 마지막에는 쇼핑으로 즐기고 여유롭게 오스트리아 국제공항으로 이동하는 것이 편하게 여행을 마무리할 수 있다.

숙박 오류 확인

오스트리아만의 문제는 아닐 수 있으나 최근의 자유여행을 가는 여행자가 많아지면서 오스트리아에도 숙박의 오버부킹이나 예약이 안 된 오류가 발생할 수 있다.
분명히 호텔 예약을 했으나 오버부킹이 되어 미안하다고 다른 호텔이나 숙소를 알아봐야겠다고 거부당하기도 하고, 부킹닷컴이나 에어비엔비 자체 시스템의 오류가 생기는 경우도 발생하고 있으니 사전에 숙소에 메일을 보내 확인하는 것이 중요하다.

특히 아파트를 숙소로 예약했다면 호텔처럼 직원이 대기를 하고 있는 것이 아니므로 열쇠를 받지 못해 체크인을 할 수 없는 경우가 많다. 아파트는 사전에 체크인 시간을 따로 두기도 하고 열쇠를 받는 방법이나 만나는 시간과 장소를 정확하게 알고 있어야 한다.

여행 추천 일정

4박 5일

비엔나(2일) → 잘츠부르크(2일) → 비엔나(1일)

5박 6일

비엔나(2일) → 잘츠부르크(2일) → 린츠(1일) → 비엔나(1일)

비엔나(2일) → 잘츠부르크(2일) → 할슈타트(1일) → 비엔나(1일)

6박 7일 ❶

비엔나(2일) → 잘츠부르크(2일) → 장크트 길겐(1일) → 할슈타트(1일) → 비엔나(1일)

6박 7일 ❷

비엔나(2일) → 잘츠부르크(2일)
→ 인스브루크(2일) → 비엔나(1일)

6박 7일 ❸

비엔나(1일) → 잘츠부르크(1일) →
인스브루크(2일) → 잘츠부르크(1일)
→ 린츠(1일) → 비엔나(1일)

6박 7일 ❹

비엔나(1일) → 잘츠부르크(2일) →
장크트 길겐(1일) → 할슈타트(1일)
→ 린츠(1일) → 비엔나(1일)

7박 8일 ❶

비엔나(2일) → 잘츠부르크(2일) →
바트 이슐(1일) → 장크트 길겐(1일)
→ 할슈타트(1일) → 비엔나(1일)

7박 8일 ❷

비엔나(2일) → 잘츠부르크(1일) → 인스부르크(2일) → 잘츠부르크(1일) → 린츠(1일) → 비엔나(1일)

7박 8일 ❸

비엔나(2일) → 잘츠부르크(1일) → 장크트 길겐(1일) → 바트 이슐(1일) → 할슈타트(1일) → 인스부르크(1일) → 비엔나(1일)

8박 9일 ❶

비엔나(2일) → 잘츠부르크(2일) → 장크트 길겐(1일) → 바트 이슐(1일) → 그문덴(1일) → 할슈타트(1일) → 비엔나(1일)

8박 9일 ❷

비엔나(2일) → 잘츠부르크(1일) → 장크트 길겐(1일) → 바트 이슐(1일) → 할슈타트(1일) → 인스부르크(1일) → 비엔나(1일)

12박 13일 ①

비엔나(3일) → 잘츠부르크(2일) → 장크트 길겐(1일) → 바트 이슐(1일) → 그문덴(1일) → 할슈타트(1일) → 인스부르크(2일) → 린츠(1일) → 비엔나(1일)

12박 13일 ①

비엔나(2일) → 잘츠부르크(2일) → 장크트 길겐(1일) → 바트 이슐(1일) → 그문덴(1일) → 할슈타트(1일) → 인스부르크, 스키나 트레킹(3일) → 비엔나(2일)

오스트리아와 연계한 인근 국가 여행 코스

오스트리아 ➡ 슬로베니아

동유럽 여행을 하기 위해서 폴란드나 체코로 입국하지 않고 프랑크푸르트로 IN하는 경우가 많다. 프랑크푸르트 항공노선은 다양하여 저렴한 항공권이 나올 가능성이 높기 때문이다. 프랑스푸르트에서 오스트리아의 잘츠부르크로 이동하여 할슈타트와 소도시를 여행하고 슬로베니아로 이동하는 여행 코스도 이동시간을 줄이면서 여행하는 좋은 방법이다.

일정 경로

독일 프랑크푸르트 IN ➡ 잘츠부르크 ➡ 할슈타트 ➡ 슬로베니아 루블라냐 ➡ 포스토이나 동굴 ➡ 빈 OUT

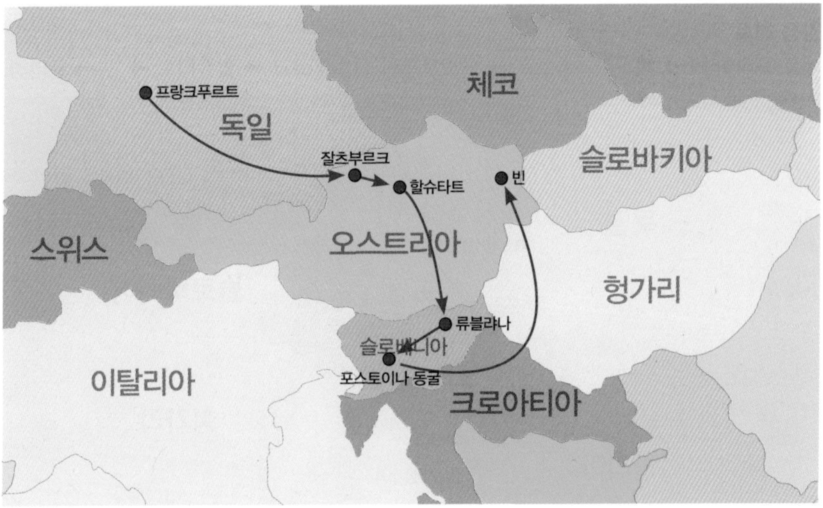

체코 ➔ 오스트리아

체코의 프라하로 입국하여 남부의 체스키크룸로프를 여행하고 오스트리아의 잘츠부르크, 할슈타트, 빈을 여행하고 다시 체코로 돌아가는 여행 코스로 자신의 일정에 맞추어 프라하에서 카를로비바리, 플젠 등의 도시를 더 여행하면 체코와 오스트리아를 여행하는 코스를 쉽게 계획할 수 있다.

일정 경로

체코 프라하 IN ➔ 체스키크룸로프 ➔ 오스트리아 잘츠부르크 ➔ 할슈타트 ➔ 빈 ➔ 프라하

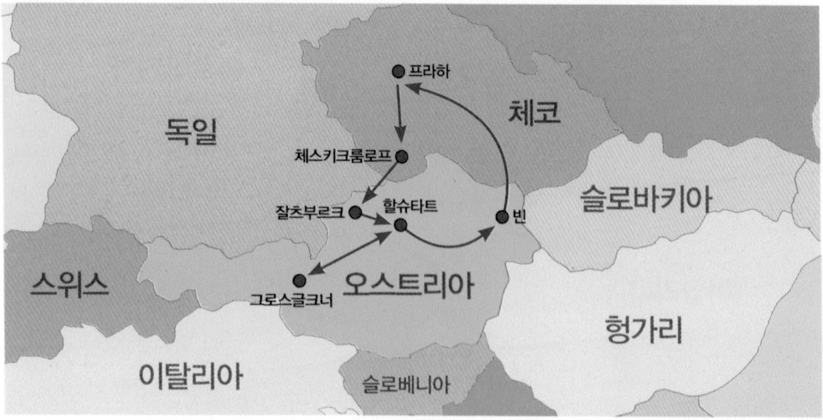

오스트리아 숙소에 대한 이해

오스트리아 여행이 처음이라면 숙소 예약이 의외로 쉽지 않다. 짧은 자유여행이라면 숙소에 대한 선택권이 크지만 첫 번째 오스트리아 여행은 숙소 선택이 난감해질 때가 많다. 오스트리아 숙소의 전체적인 이해를 해보자.

1 | 숙소의 위치

오스트리아에서 관광객은 도시의 어느 곳에 숙소를 정해야 할지 고민하게 된다. 시내에 주요 관광지가 몰려있기 때문에 숙소의 위치가 도심에서 멀어지면 숙소의 비용이 저렴해도 교통비로 총 여행 비용이 올라가게 될 수도 있다. 따라서 숙소의 위치가 중요하다. 그러나 오스트리아 도시의 중심지에 있는 숙소를 정하고 싶어도 숙박비를 생각해야 한다.
시내에서 떨어져 있다면 도심과 숙소 사이를 이동하는 데 시간이 많이 소요되어 좋은 선택이 아니라고 생각한다.

2 | 숙소예약 앱의 리뷰를 확인하라.

숙소는 몇 년 전 만해도 호텔과 호스텔이 전부였다. 하지만 에어비앤비나 부킹닷컴 등을 이용한 아파트도 있고 다양한 숙박 예약 어플도 생겨났다. 가장 먼저 고려해야 하는 것은 자신의 여행비용이다. 항공권을 예약하고 남은 여행경비가 200만 원 정도라면 반드시 100만 원 이내의 숙소를 정해야 한다. 자신의 경비에서 숙박비는 50% 이내로 숙소를 확인해야 여행 기간 동안 지내면서 돈 걱정 없이 지낼 수 있다.

3 | 내부 사진을 꼭 확인

숙소의 비용은 우리나라보다 저렴하지만 시설이 좋지 않은 경우가 많다. 오래된 건물에 들어선 숙소가 아니지만 관리가 잘못된 아파트들이 의외로 많다. 반드시 룸 내부의 사진을 확인하고 선택하는 것이 좋다.

4 | 에어비앤비나 부킹닷컴을 이용해 아파트를 이용

시내에서 얼마나 떨어져 있는지를 확인하고 숙소에 도착해 어떻게 주인과 만날 수 있는지 전화번호와 아파트에 도착할 수 있는 방법을 정확히 알고 출발해야 한다. 아파트에 도착했어도 주인과 만나지 못해 아파트에 들어가지 못하고 1~2시간만 기다려도 화도 나고 기운도 빠지기 때문에 여행이 처음부터 쉽지 않아진다.

알아두면 좋은 오스트리아 이용 팁(Tip)

1. 미리 예약해도 싸지 않다.

일정이 확정되고 아파트에서 머물겠다고 생각했다면 먼저 예약해야 한다. 여행 일정에 임박해서 예약하면 같은 기간, 같은 객실이어도 비싼 가격으로 예약을 할 수밖에 없다. 하지만 성수기가 아닌 비성수기라면 여행 일정에 임박해서 숙소 예약을 많이 하는 특성을 아는 숙박업소의 주인들이 일찍 예약한다고 미리 저렴하게 숙소를 내놓지는 않는다.

2. 후기를 참고하자.

아파트의 선택이 고민스럽다면 숙박 예약 사이트에 나온 후기를 잘 읽어본다. 특히 한국인은 까다로운 편이기에 후기도 적나라하게 평을 해놓는 편이라서 숙소의 장, 단점을 파악하기가 쉽다. 실제로 그곳에 머문 여행자의 후기에는 당해낼 수 없다.

3. 미리 예약해도 무료 취소기간을 확인해야 한다.

미리 숙소를 예약하고 있다가 나의 한 달 살기 여행이 취소되든지, 다른 숙소로 바꾸고 싶을 때에 무료 취소가 아니면 환불 수수료를 내야 한다. 그러면 아무리 할인을 받고 저렴하게 숙소를 구해도 절대 저렴하지 않으니 미리 확인하는 습관을 가져야 한다.

5 | 숙소 예약 사이트

부킹닷컴(Booking.com)

에어비앤비와 같이 전 세계에서 가장 많이 이용하는 숙박 예약 사이트이다. 동유럽에도 많은 숙박이 올라와 있다.

에어비앤비(Airbnb)

전 세계 사람들이 집주인이 되어 숙소를 올리고 여행자는 손님이 되어 자신에게 맞는 집을 골라 숙박을 해결한다. 어디를 가나 비슷한 호텔이 아닌 현지인의 집에서 숙박을 하도록 하여 여행자들이 선호하는 숙박 공유 서비스가 되었다.

Booking.com
부킹닷컴
www.booking.com

airbnb
에어비앤비
www.airbnb.co.kr

오스트리아 한 달 살기 잘하는 방법

도착하면 관광안내소(Information Center)를 가자.

어느 도시가 되도 도착하면 해당 도시의 지도를 얻기 위해 관광안내소를 찾는 것이 좋다. 공항에 나오면 왼쪽에 관광 안내소가 있다. 환전소는 관광안내소 옆에 있어서 쉽게 찾을 수 있다. 바르샤바나 크라쿠프의 중앙역으로 폴란드로 입국하게 되었다면 플랫폼에서 위로 올라와 인포메이션 센터로 가서 지도를 받으면서 자신이 원하는 정보를 물어보는 것이 좋다.

심(Sim)카드나 무제한 데이터를 활용하자.

공항에서 시내로 이동을 할 때 자신의 위치를 알고 이동하는 것이 편리하다. 자신이 예약한 숙소를 찾아가는 경우에도 구글맵이 있으면 쉽게 숙소도 찾을 수 있어서 스마트폰의 필요한 정보를 활용하는 것은 중요하다. 오스트리아의 각 지방에서 심[Sim]카드를 구입해 이용하기만 하면 된다. 이웃한 폴란드 같은 경우에는 정부가 통신을 통제하고 있지만 오스트리아는 그렇지 않기 때문이다.

심[Sim]카드를 사용하는 방법은 쉽다. 매장에 가서 스마트폰을 보여주고 사용하려고 하는 날짜를 선택하면 기간이 정해지므로 매장의 직원이 알아서 다 갈아 끼우고 문자도 확인하여 이상이 없으면 돈을 받는다.

유로인지 아닌지 확인해야 한다.

서유럽의 대부분의 나라들이 EU에 가입되어 유로(€)를 사용하고 있다. 그런데 오스트리아를 최근에 출간되는 가이드북에서 동유럽에 포함시키면서 오스트리아는 유로(€)를 사용하지 않는다고 생각하는 관광객도 있다. 오스트리아는 독일 남부, 헝가리 서부에 위치한 국가로 부유하고 유럽에서 중요한 역할을 하는 국가이다. 그러므로 반드시 유로(€)로 환전해 오스트리아에 입국하는 것이 편리하다.

유로(€)를 사용하는 것에 대비해 미리 한국에서 필요한 돈을 환전할 때는 작은 액수의 5, 10, 20€를 환전해서 공항에서 시내로 들어갈 때 사용하는 것이 중요하다.

보다폰(Vodafone

많은 동유럽 나라마다 통신사가 있지만 약간의 비용이 비싸도 보다폰(Vodafone)을 선택하는 것이 현명하다. 유럽 어느 나라를 가도 보다폰(Vodafone)을 사용할 수 있기 때문에 빠르고 문제없이 사용할 수 있다. 또한 다른 나라를 이동할 때에도 보다폰(Vodafone)의 심(Sim)카드는 문제없이 사용할 수 있는 장점이 있다. 만약 공항에서 심(Sim)카드를 바꾸지 못했다면 시내의 보다폰(Vodafone) 매장에서 심(Sim)카드를 이용할 수 있다.

버스에 대한 간단한 정보를 갖고 출발하자.

오스트리아는 현지인들이 버스를 많이 이용하기 때문에 버스가 중요한 시내 교통수단이다. 버스정류장도 잘 모르고 도시를 여행하려고 할 때 버스를 몰라 당황하는 경우가 많이 발생한다.
장기 여행자라도 도시를 여행하려면 가장 필요한 정보가 도시 내에서 이동하는 버스 노선 파악이다.

'관광지 한 곳만 더 보자는 생각'은 금물

오스트리아의 대부분 도시들은 소도시이다. 소도시들은 대부분 하루 안에 도시를 둘러볼 수 있으므로 어렵지 않게 여행이 가능하다. 도시 내에 있는 관광지의 의미를 파악하면서 여행하는 것이 여행에서 필요하다. 무리해서 관광지를 다 보고 오겠다는 생각을 하고 다니면 탈이 날 수 있다.

사람마다 생각이 다르겠지만 평생 한 번만 갈 수 있다는 생각을 하지 말고 여유롭게 관광지를 보는 것이 좋다. 한곳을 더 본다고 여행이 만족스럽지 않다. 자신에게 주어진 여행 기간만큼 행복한 여행이 되도록 여유롭게 여행하는 것이 좋다. 오스트리아는 여유롭게 지내면서 자신을 돌아볼 수 있는 여행지이다. 편안한 마음으로 여행한다면 오히려 더 여유롭게 여행을 하고 만족도도 더 높을 것이다.

아는 만큼 보이고 준비한 만큼 만족도가 높다.

오스트리아의 관광지는 오스트리아 합스부르크 왕가와 연관이 많다. 그런데 아무런 정보 없이 본다면 재미도 없고 본 관광지는 아무 의미 없는 장소가 되기 쉽다.
역사와 관련한 정보는 습득하고 오스트리아 여행을 떠나는 것이 준비도 하게 되고 아는 만큼 만족도가 높다.

작은 문제에 대해 관대해져야 한다.

해외에서 단기간이든, 장기간이든 지내면서 길거리를 다니다가 소매치기를 당하거나 상인들과의 작은 다툼 등의 문제가 발생할 수 있다. 국내처럼 신경을 쓰지 않아도 다니기는 쉽지 않다. 그래서 작은 문제들이 발생한다면 빨리 문제를 잊고 감정을 추스르는 것이 필요하다. 고급 레스토랑에서 팁을 주는 것에서도 가끔씩 문제가 발생할 수 있다. 예약이 필수인 레스토랑은 무작정 들어가서 앉으려고 하다가 문제가 생기고 있으니 예약과 팁에 대해 알고 레스토랑에 입장하는 것이 좋겠다.

여행지에 대해 알아본다.

지도를 보면서 자신이 여행할 지역의 위치를 파악해 본다. 관광지의 위치, 자신이 생활을 할 곳의 맛집이나 커피숍 등을 최소 몇 곳만이라도 알고 있는 것이 필요하다.

오스트리아 여행 비용

오스트리아는 서유럽과 물가가 거의 비슷하다. 또한 코로나의 확산과 러시아의 우크라이나 침공 이후에 인플레이션이 심화되면서 오스트리아 물가도 가파르게 상승하고 있다. 그래서 오스트리아 여행에는 반드시 여행기간 동안, 사용할 비용을 사전에 확인하여 여행기간 동안 비용을 정하고 여행을 시작하는 것이 좋다.

여행을 계획하고 실행에 옮기면 가장 많이 돈이 들어가는 부분은 항공권과 숙소 비용이다. 또한 여행 기간 동안 사용할 식비와 버스 같은 교통수단의 비용이 가장 일반적이다.

항목	내용	경비
항공권	오스트리아로 이동하는 항공권이 필요하다. 항공사, 조건, 시기에 따라 다양한 가격이 나온다.	약 70~200만 원
숙소	홈스테이부터 숙소들을 부킹닷컴이나 에어비앤비 등의 사이트에서 찾을 수 있다. 각 나라만의 장기여행자를 위한 전문 예약 사이트(어플)에서 예약하는 것도 추천한다.	한 달 약 500,000~ 1,500,000원
식비	아파트 같은 숙소를 이용하려는 이유는 식사를 숙소에서 만들어 먹기 때문이다. 오스트리아에서 마트에서 장을 보면 물가가 저렴하다는 것을 알 수 있다. 외식물가는 나라마다 다르지만 대한민국과 비교해 조금 저렴한 편이다.	한 달 약 500,000~1,000,000원
교통비	각 도시마다 도시 전체를 사용할 수 있는 3~7일 권을 사용하면 다양한 혜택이 있다. 또한 주말에 근교를 여행하려면 추가 교통비가 필요하다.	교통비 300,000~500,000원
TOTAL		200~500만 원

오스트리아
한 달 살기

Austria

솔직한 한 달 살기

요즈음, 마음에 꼭 드는 여행지를 발견하면 자꾸 '한 달만 살아보고 싶다'는 이야기를 많이 듣는다. 그만큼 한 달 살기로 오랜 시간 동안 해외에서 여유롭게 머물고 싶어 하기 때문이다. 직장생활이든 학교생활이든 일상에서 한 발짝 떨어져 새로운 곳에서 여유로운 일상을 꿈꾸기 때문일 것이다.

최근에는 한 달, 혹은 그 이상의 기간 동안 여행지에 머물며 현지인처럼 일상을 즐기는 '한 달 살기'가 여행의 새로운 트렌드로 자리 잡아가고 있다. 천천히 흘러가는 시간 속에서 진정한 여유를 만끽하려고 한다. 그러면서 한 달 동안 생활해야 하므로 저렴한 물가와 주위

에 다양한 즐길 거리가 있는 동유럽의 많은 도시들이 한 달 살기의 주요 지역으로 주목받고 있다. 한 달 살기의 가장 큰 장점은 짧은 여행에서는 느낄 수 없었던 색다른 매력을 발견할 수 있다는 것이다.

사실 한 달 살기로 책을 쓰겠다는 생각을 몇 년 전부터 했지만 마음이 따라가지 못했다. 우리의 일반적인 여행이 짧은 기간 동안 자신이 가진 금전 안에서 최대한 관광지를 보면서 많은 경험을 하는 것이 자유여행의 패턴이었다. 하지만 한 달 살기는 확실한 '소확행'을 실천하는 행복을 추구하는 것처럼 보였다. 많은 것을 보지 않아도 느리게 현지의 생활을 알아가는 스스로 만족을 원하는 여행이므로 좋아 보였다. 내가 원하는 장소에서 하루하루를 즐기면서 살아가는 문화와 경험을 즐기는 것은 좋은 여행 방식이다.

하지만 많은 도시에서 한 달 살기를 해본 결과 한 달 살기라는 장기 여행의 주제만 있어서 일반적으로 하는 여행은 그대로 두고 시간만 장기로 늘린 여행이 아닌 것인지 의문이 들었다. 현지인들이 가는 식당을 가는 것이 아니고 블로그에 나온 맛집을 찾아가서 사진을 찍고 SNS에 올리는 것은 의문을 가지게 만들었다. 현지인처럼 살아가는 것이 아니라 풍족하게 살고 싶은 것이 한 달 살기인가라는 생각이 강하게 들었다.

현지인과의 교감은 없고 맛집 탐방과 SNS에 자랑하듯이 올리는 여행의 새로운 패턴인가, 그냥 새로운 장기 여행을 하는 여행자일 뿐이 아닌가?

현지인들의 생활을 직접 그들과 살아가겠다고 마음을 먹고 살아도 현지인이 되기는 힘들다. 여행과 현지에서의 삶은 다르기 때문이다. 단순히 한 달 살기를 하겠다고 해서 그들을 알 수도 없는 것은 동일할 수도 있다. 한 달 살기가 끝이 나면 언제든 돌아갈 수 있다는 것은 생활이 아닌 여행자만의 대단한 기회이다. 그래서 한동안 한 달 살기가 마치 현지인의 문화를 배운다는 것은 거짓말로 느껴졌다.

시간이 지나면서 다시 생각을 해보았다. 어떻게 여행을 하든지 각자의 여행이 스스로에게 행복한 생각을 가지게 한다면 그 여행은 성공한 것이다. 배낭을 들고 현지인들과 교감을 나누면서 배워가고 느낀다고 한 달 살기가 패키지여행이나 관광지를 돌아다니는 여행보다 우월하지도 않다. 한 달 살기를 즐기는 주체인 자신이 행복감을 느끼는 것이 핵심이라고 결론에 도달했다.

요즈음은 휴식, 모험, 현지인 사귀기, 현지 문화체험 등으로 하나의 여행 주제를 정하고 여행지를 선정하여 해외에서 한 달 살기를 해보면 좋다. 맛집에서 사진 찍는 것을 즐기는 것으로도 한 달 살기는 좋은 선택이 된다. 일상적인 삶에서 벗어나 낯선 여행지에서 오랫동안 소소하게 행복을 느낄 수 있는 한 달 동안 여행을 즐기면서 자신을 돌아보는 것이 한 달 살기의 핵심인 것 같다.

떠나기 전에 자신에게 물어보자!

한 달 살기 여행을 떠나야겠다는 마음이 의외로 간절한 사람들이 많다. 그 마음만 있다면 앞으로의 여행 준비는 그리 어렵지 않다. 천천히 따라가면서 생각해 보고 실행에 옮겨보자.

내가 장기간 떠나려는 목적은 무엇인가?

여행을 떠나면서 배낭여행을 갈 것인지, 패키지여행을 떠날 것인지 결정하는 것은 중요하다. 하물며 장기간 한 달을 해외에서 생활하기 위해서는 목적이 무엇인지 생각해 보는 것이 중요하다. 일을 함에 있어서도 목적을 정하는 것이 계획을 세우는데 가장 기초가 될 것이다.

한 달 살기도 어떤 목적으로 여행을 가는지 분명히 결정해야 질문에 대한 답을 찾을 수 있다. 아무리 아무것도 하지 않고 지내고 싶다고 할지라도 1주일 이상 아무것도 하지 않고 집에서만 머물 수도 없는 일이다.

동남아시아는 휴양, 다양한 엑티비티, 무엇이든 배우기(어학, 요가, 요리 등), 나의 로망 여행지에서 살아보기, 내 아이와 함께 해외에서 보내보기 등등 다양하다.

목표를 과다하게 설정하지 않기

자신이 해외에서 산다고 한 달 동안 어학을 목표로 하기에는 다소 무리가 있다. 무인가 성과를 얻기에는 짧은 시간이기 때문이다.
1주일은 해외에서 사는 것에 익숙해지고 2~3주에 현지에 적응을 하고 4주 차에는 돌아올 준비를 하기 때문에 4주 동안이 아니고 2주 정도이다. 하지만 해외에서 좋은 경험을 해볼 수 있고, 친구를 만들 수 있다. 이렇듯 한 달 살기도 다양한 목적이 있으므로 목적을 생각하면 한 달 살기 준비의 반은 결정되었다고 생각할 수도 있다.

여행지와 여행 시기 정하기

한 달 살기의 목적이 결정되면 가고 싶은 한 달 살기 여행지와 여행 시기를 정해야 한다. 목적에 부합하는 여행지를 선정하고 나서 여행지의 날씨와 자신의 시간을 고려해 여행 시기를 결정한다. 여행지도 성수기와 비수기가 있기에 한 달 살기에서는 여행지와 여행시기의 틀이 결정되어야 세부적인 예산을 정할 수 있다.

한 달 살기를 선정할 때 유럽 국가 중에서 대부분은 안전하고 볼거리가 많은 도시를 선택한다. 예산을 고려하면 항공권 비용과 숙소, 생활비가 크게 부담이 되지 않는 동유럽의 폴란드, 체코, 헝가리 부다페스트 등이다.

한 달 살기의 예산정하기

누구나 여행을 하면 예산이 가장 중요하지만 한 달 살기는 오랜 기간을 여행하는 거라 특히 예산의 사용이 중요하다. 돈이 있어야 장기간 문제가 없이 먹고 자고 한 달 살기를 할 수 있기 때문이다.

한 달 살기는 한 달 동안 한 장소에서 체류하므로 자신이 가진 적정한 예산을 확인하고, 그 예산 안에서 숙소와 한 달 동안의 의식주를 해결해야 한다. 여행의 목적이 정해지면 여행을 할 예산을 결정하는 것은 의외로 어렵지 않다. 또한 여행에서는 항상 변수가 존재하므로 반드시 비상금도 따로 준비를 해 두어야 만약의 상황에 대비를 할 수 있다. 대부분의 사람들이 한 달 살기 이후의 삶도 있기에 자신이 가지고 있는 예산을 초과해서 무리한 계획을 세우지 않는 것이 중요하다.

한 달 살기는 삶의 미니멀리즘이다.

요즈음 한 달 살기가 늘어나면서 뜨는 여행의 방식이 아니라 하나의 여행 트렌드로 자리를 잡고 있다. 한 달 살기는 다시 말해 장기여행을 한 도시에서 머물면서 새로운 곳에서 삶을 살아보는 것이다. 삶에 지치거나 지루해지고 권태로울 때 새로운 곳에서 쉽게 다시 삶을 살아보는 것이다. 즉 지금까지의 인생을 돌아보면서 작게 자신을 돌아보고 한 달 후 일상으로 돌아와 인생을 잘 살아보려는 행동의 방식일 수 있다.

삶을 작게 만들어 새로 살아보고 일상에서 필요한 것도 한 달만 살기 위해 짐을 줄여야 하며, 새로운 곳에서 새로운 사람들과의 만남을 통해서 작게나마 자신을 돌아보는 미니멀리즘인 곳이다. 집 안의 불필요한 짐을 줄이고 단조롭게 만드는 미니멀리즘이 여행으로 들어와 새로운 여행이 아닌 작은 삶을 떼어내 새로운 장소로 옮겨와 살아보면서 현재 익숙해진 삶을 돌아보게 된다.

다른 사람들과 만나고 새로운 일상이 펼쳐지면서 새로운 일들이 생겨나고 새로운 일들은 예전과 다르게 어떻다는 생각을 하게 되면 왜 그때는 그렇게 행동을 했는지 생각을 해보게 된다. 한 달 살기에서는 일을 하지 않으니 자신을 새로운 삶에서 생각해보는 시간이 늘어나게 된다.

그래서 부담없이 지내야 하기 때문에 물가가 저렴해 생활에 지장이 없어야 하고, 위험을 느끼지 않으면서 지내야 편안해지기 때문에 유럽에서는 안전한 오스트리아가 최근에 각광받고 있다. 외국인에게 개방된 나라가 새로운 만남이 많으므로 동남아시아에서는 외국인에게 적대감이 없는 태국이나, 한국인에게 호감을 가지고 있는 베트남이 선택되게 된다.

새로운 음식도 매일 먹어야 하므로 내가 매일 먹는 음식과 크게 동떨어지기보다 비슷한 곳이 편안하다. 또한 대한민국의 음식들을 마음만 먹는다면 쉽고 간편하게 먹을 수 있는 곳이 더 선호될 수 있다.

삶을 단조롭게 살아가기 위해서 바쁘게 돌아가는 대도시보다 소도시를 선호하게 되고 현대적인 도시보다는 옛 정취가 남아있는 그윽한 분위기의 도시를 선호하게 된다. 그러면서도 쉽게 맛있는 음식을 다양하게 먹을 수 있는 식도락이 있는 도시를 선호하게 된다.

그렇게 오스트리아 한 달 살기에서 선택된 도시는 잘츠부르크, 북부의 린츠, 인스부르크 등이다. 위에서 언급한 다른 유럽 국가에 비해 저렴한 물가, 안전한 치안, 한국인에 대한 호감도, 한국인에게 맞는 음식 등이 중요한 선택사항이다.

한 달 살기의 대중화

코로나 바이러스의 팬데믹 이후의 여행은 단순 방문이 아닌, '살아보는' 형태의 경험으로 변화할 것이다. 만약 코로나19가 지나간 후 우리의 삶에 어떤 변화가 다가올 것인가?

코로나 바이러스 팬데믹 이후에도 우리는 여행을 할 것이다. 여행을 하지 않고 살아갈 수 있는 사회로 돌아가지는 않는다. 이런 흐름에 따라 여행할 수 있도록, 대규모로 가이드와 함께 관광지를 보고 돌아가는 패키지 중심의 여행은 개인들이 현지 중심의 경험을 제공할 수 있는 다양한 방식의 여행으로 활성화될 수 있다. 많은 사람이 '살아보기'를 선호하는 지역의 현지인들과 함께하는 다양한 액티비티가 확대되고 있다. 코로나19로 인해 국가 간 이동성이 위축되고 여행 산업 전체가 지금까지와 다른 형태로 재편될 것이지만 역설적으로 여행 산업에는 새로운 성장의 기회가 될 수 있다.

코로나 바이러스가 지나간 이후에는 지금도 가속화된 디지털 혁신을 통한 변화를 통해 우리의 삶에서 시 · 공간의 제약이 급격히 사라질 것이다. 디지털 유목민이라고 불리는 '디지털 노마드'의 삶이 코로나 이후에는 사람들의 삶 속에 쉽게 다가올 수 있다. 재택근무가 활성화되는 코로나 이후의 현장의 상황을 여행으로 적용하면 '한 달 살기' 등 원하는 지역에서 단순 여행이 아닌 현지를 경험하며 내가 원하는 지역에서 '살아보는' 여행이 많아질 수 있다. 여행이 현지의 삶을 경험하는 여행으로 변화할 것이라는 분석도 상당히 설득력이 생긴다.

결국 우리 앞으로 다가온 미래의 여행은 4차 산업혁명에서 주역이 되는 디지털 기술이 삶에 밀접하게 다가오는 원격 기술과 5G 인프라를 통한 디지털 삶이 우리에게 익숙하게 가속화되면서 균형화된 일과 삶을 추구하고 그런 생활을 살면서 여행하는 맞춤형 여행 서비스가 새로 생겨날 수 있다. 그 속에 한 달 살기도 새로운 변화를 가질 것이다.

경험의 시대

소유보다 경험이 중요해졌다. '라이프 스트리머Life Streamer'라고 하여 인생도 그렇게 산다. 스트리밍 할 수 있는 나의 경험이 중요하다. 삶의 가치를 소유에 두는 것이 아니라 경험에 두기 때문이다.

예전의 여행은 한번 나가서 누구에게 자랑하는 도구 중의 하나였다. 그런데 세상은 바뀌어 원하기만 하면 누구나 해외여행을 떠날 수 있는 세상이 되었다. 여행도 풍요 속에서 어디를 갈지 고를 것인가가 굉장히 중요한 세상이 되었다. 나의 선택이 중요해지고 내가 어떤 가치관을 가지고 여행을 떠나느냐가 중요해졌다.

개개인의 욕구를 충족시켜주기 위해서는 개개인을 위한 맞춤형 기술이 주가 되고, 사람들은 개개인에게 최적화된 형태로 첨단 기술과 개인이 하고 싶은 경험이 연결될 것이다. 경험에서 가장 하고 싶어 하는 것은 여행이다. 그러므로 여행을 도와주는 각종 여행의 기술과 정보가 늘어나고 생활화될 것이다.

세상을 둘러싼 이야기, 공간, 느낌, 경험, 당신이 여행하는 곳에 관한 경험을 제공한다. 당신이 여행지를 돌아다닐 때 자신이 아는 것들에 대한 것만 보이는 경향이 있다. 그런데 가

끔씩 새로운 것들이 보이기 시작한다. 이때부터 내 안의 호기심이 발동되면서 나 안의 호기심을 발산시키면서 여행이 재미있고 다시 일상으로 돌아올 나를 달라지게 만든다. 나를 찾아가는 공간이 바뀌면 내가 달라진다. 내가 새로운 공간에 적응해야 하기 때문이다.
여행은 새로운 공간으로 나를 이동하여 새로운 경험을 느끼게 해준다. 그러면서 우연한 만남을 기대하게 만들어주는 것이 여행이다.

당신이 만약 여행지를 가면 현지인들을 볼 수 있고 단지 보는 것만으로도 그들의 취향이 당신의 취향과 같을지 다를지를 생각할 수 있다. 세계는 서로 조화되고 당신이 그걸 봤을 때 "나는 이곳을 여행하고 싶어 아니면 다른 여행지를 가고 싶어"라고 생각할 수 있다. 여행지에 가면 세상을 알고 싶고 이야기를 알고 싶은 유혹에 빠지는 마음이 더 강해진다. 우리는 적절한 때에 적절한 여행지를 가서 볼 필요가 있다. 만약 적절한 시기에 적절한 여행지를 만난다면 사람의 인생이 달라질 수도 있다.

여행지에서는 누구든 세상에 깊이 빠져들게 될 것이다. 전 세계 모든 여행지는 사람과 문화를 공유하는 기능이 있다. 누구나 여행지를 갈 수 있다. 막을 수가 없다. 누구나 와서 어떤 여행지든 느끼고 갈 수 있다는 것, 여행하고 나서 자신의 생각을 바꿀 수 있다는 것이 중요하다. 그래서 여행은 건강하게 살아가도록 유지하는 데 필수적이다. 여행지는 여행자에게 나눠주는 로컬만의 문화가 핵심이다.

또 하나의 공간, 새로운 삶을 향한 한 달 살기

"여행은 숨을 멎게 하는 모험이자 삶에 대한 심오한 성찰이다"

한 달 살기는 여행지에서 마음을 담아낸 체험을 여행자에게 선사한다. 한 달 살기는 출발하기는 힘들어도 일단 출발하면 간단하고 명쾌해진다. 도시에 이동하여 바쁘게 여행을 하는 것이 아니고 살아보는 것이다. 재택근무가 활성화되면 더 이상 출근하지 않고 전 세계 어디에서나 일을 할 수 있는 세상이 열린다. 새로운 도시로 가면 생생하고 새로운 충전을 받아 힐링Healing이 된다. 한 달 살기에 빠진 것은 포르투갈의 포르투Porto와 오스트리아의 잘츠부르크를 찾았을 때, 느긋하게 즐기면서도 저렴한 물가에 마음마저 편안해지는 것에 매료되게 되었다.

무한 경쟁에 내몰린 우리는 마음을 자연스럽게 닫았을지 모른다. 그래서 천천히 사색하는 한 달 살기에서 더 열린 마음이 될지도 모른다. 삶에서 가장 중요한 것은 행복한 것이다. 뜻하지 않게 사람들에게 받는 사랑과 도움이 자연스럽게 마음을 열게 만든다. 하루하루가 모여 나의 마음도 단단해지는 곳이라고 생각한다.

인공지능 시대에 길가에 인간의 소망을 담아 돌을 올리는 것은 인간미를 느끼게 한다. 한 달 살기를 하면서 도시의 구석구석 걷기만 하니 가장 고생하는 것은 몸의 가장 밑에 있는 발이다. 걷고 자고 먹고 이처럼 규칙적인 생활을 했던 곳이 언제였던가? 규칙적인 생활에도 용기가 필요했나 보다.

한 달 살기 위에서는 매일 용기가 필요하다. 용기가 하루하루 쌓여 내가 강해지는 것이 느껴진다. 고독이 쌓여 나를 위한 생각이 많아지고 자신을 비춰볼 수 있다. 현대의 인간의 삶은 사막 같은 삶이 아닐까? 이때 나는 전 세계의 아름다운 도시를 생각했다. 인간에게 힘든 삶을 제공하는 현대 사회에서 천천히 도시를 음미할 수 있는 한 달 살기가 사람들을 매료시키고 있다.

오스트리아
자동차 여행

Austria

달라도 너무 다른 오스트리아 알프스 자동차 여행

최근에 알프스 산맥을 직접 트레킹도 하고 산맥을 따라 자동차로 여행을 하고 싶은 여행자들이 늘어나고 있다. 유럽에서 알프스 산맥이 거쳐 있는 나라는 8개국이다. 그러나 우리에게 가장 관심이 높고 관광객이 많이 찾는 나라는 프랑스, 스위스, 이탈리아, 오스트리아, 독일이다. 알프스 여행을 하는 오스트리아의 장점은 편안하게 풍경을 보며 여행 인프라가 구축된 나라라는 사실이다. 오스트리아는 오스트리아 자체로 볼거리가 많지만 알프스를 자동차로 여행하는 것은 새로운 경험이기도 하다.

우리가 알고 있던 도시를 보러가는 여행과 전혀 다른 느낌을 보고 느낄 수 있는 초록이 뭉게구름과 함께 높은 바위산의 장엄한 자연의 조각이 당신을 행복하게 만든다. 깊은 숨을 쉴 수 있도록 쉴 수 있고 마음대로 여행할 수 있는 알프스 자동차여행을 생각할 것이다.

누구나 알프스의 자연을 보고 싶은 관광객은 더욱 늘어나고 있다. 하지만 오스트리아의 알프스 산맥을 대중교통으로만 여행하기에 좋은 편이 아니다. 자동차로 알프스 산맥을 따라 여행하는 것은 최적의 조합이라고 할 수 있다. 알프스의 생생한 모습이 눈으로 전해오는 현장은 오스트리아 여행을 다르게 만들어줄 것이다.

오스트리아 자동차 여행을 해야 하는 이유

나만의 환상의 오스트리아 여행

자동차 여행에서 가장 큰 장점은 나만의 여행을 다닐 수 있다는 것이다. 버스나 기차를 이용해 다니는 일반적인 이탈리아 여행과 달리 이동 수단의 운행 여부나 시간에 구애 받지 않고 본인이 원하는 시간에 이동이 가능하며, 대중교통으로 이동하기 힘든 이탈리아 소도시 위주의 여행을 할 수 있어서 최근에 자동차 여행은 급격하게 늘어나는 추세이다.

짐에서 해방

오스트리아를 여행하면 울퉁불퉁한 돌들이 있는 거리를 여행용 가방을 들고 이동할 때나 지하철에서 에스컬레이터 없이 계단을 들고 올라올 때 무거워 중간에 쉬면서 이렇게 힘들게 여행을 해야 하는 지를 자신에게 물어보는 여행자가 의외로 많다는 사실을 알았다.

일반적인 오스트리아 여행과 다르게 자동차 여행을 하면 숙소 앞에 자동차가 이동할 수 있으므로 무거운 짐을 들고 다니는 경우는 손에 꼽게 된다.

줄어드는 숙소 예약의 부담

대부분의 오스트리아 여행이라면 도시 중심에 숙소를 예약을 해야 하는 부담이 있다. 특히 성수기에 시설도 좋지 않은 숙소를 비싸게 예약할 때 기분이 좋지 않다. 그런데 자동차 여행은 어디든 선택할 수 있으므로 자신이 도착하려는 곳에서 숙소를 예약하면 된다. 또한 내가 어디에서 머무를지 모르기 때문에 미리 숙소를 예약하지 않고 점심시간 이후에 예약을 하기도 한다.

도시 중심에 숙소를 예약하지 않으면 숙소의 비용도 줄어들고 시설이 더 좋은 숙소를 예약할 수 있게 된다. 자동차 여행을 하다보면 여행 일정이 변경되는 경우가 많다. 알프스 소도시에는 성수기에도 당일에 저렴하게 나오는 숙소가 꽤 있기 때문에 숙소를 예약하는 데 부담이 줄어들게 된다.

줄어드는 교통비

오스트리아 여행을 기차로 하려고 가격을 알아보면 상당히 비싼 기차 비용을 알게 된다. 그러므로 유레일패스를 일찍 예약하면 할인을 받을 수 있다는 사실을 알고 할인 구입을 한다. 하지만 유레일패스는 상당히 비싼 편이다. 또한 예약비를 추가해야 하므로 상당한 비용이 발생한다. 그래서 유럽인들은 저가항공을 이용하는 경우가 대부분이다.
그런데 자동차 여행을 2인 이상이 한다면 2주 정도의 풀보험 렌터카 예약을 해도 100만 원 정도에 유류비까지 더해도 150만 원 정도면 가능하다. 교통비를 상당히 줄일 수 있다는 사실을 알 수 있다.

줄어든 식비

대형마트에 들러 필요한 음식을 자동차에 실어 다니기 때문에 미리 먹을 것을 준비하여 다니는 식비 절감을 알게 된다. 하루에 점심이나 저녁 한 끼를 레스토랑에서 먹고 한 끼는 숙소에서 간단하게 요리를 해서 다니면 식비 절감에 도움이 된다.

소도시 & 트레킹 여행이 가능

시간이 한정적인 직장인이나 학생, 가족단위의 여행자들은 소도시와 트레킹 여행이 쉽지 않다. 자동차로 소도시 여행은 더욱 쉽다. 도로가 복잡하지 않고 교통체증이 많지 않아 이동하는 피로도가 줄어든다. 그래서 자동차로 트레킹 위치까지 이동해 트레킹을 하는 여행자가 늘어난다. 처음에는 자동차로 운전하는 경우에 사고에 대한 부담이 크지만 점차 운전에 대한 위험부담은 줄어들고 대도시가 아니라 소도시 위주로 여행일정을 변경하기도 한다.

단점

자동차 여행 준비의 부담

처음 자동차 여행을 준비하는 사람에게는 큰 스트레스가 될 수 있다. 일반적인 유럽여행과는 다르게 자동차를 가지고 여행을 하는 것은 다른 여행 스타일이 만들어지기 때문에 출발 전에 부담이 될 수 있다.

운전에 대한 부담

기차로 이동을 하면 이동하는 시간 동안 휴식이나 숙면을 취할 수 있지만 자동차 여행의 경우에는 본인이 운전을 해야 하므로 피로도가 증가할 수 있다. 그래서 자동차 여행을 일정을 빡빡하게 만들어서 모든 것을 다 보고 와야겠다고 생각한다면 스트레스와 함께 다 볼 수 없다는 생각에 실망할 수도 있다.

1인 자동차 여행자의 교통비 부담

혼자서 여행하는 경우에는 기차 여행에 비해 더 많은 교통비가 들 수도 있으며, 동행을 구하기 어렵다.

동행이 생겨 같이 여행해도 렌트 비용에서 추가적으로 고속도로 통행료, 연료비, 주차비 등의 비용이 발생하는 데 서로간의 마찰이 발생하기도 한다.

안전한 오스트리아 자동차 여행을 위한 주의사항

오스트리아 자동차 여행은 일반적으로 안전하다. 폭력 범죄나 절도도 거의 없고 현지 사람들로부터 위협을 받는 일도 거의 없다. 하지만 좁은 도로나 높은 위치로 이동하는 자동차 여행은 자신도 모르게 도로에서 위협에 내몰릴 수도 있으나 크게 걱정할 필요는 없다.

오스트리아 자동차 여행에서 여행자들에게 주로 닥치는 위협은 갑자기 추워지거나 구불구불한 도로에서의 운전이다. 특별히 주의해야 할 것에 대해서 알아보자.

차량

1. 차량 안 좌석은 비워두자.

자동차로 오스트리아 여행을 하면서 사고 이외에 차량 문제가 발생할 수 있는 것은 차량 안에 있는 가방이나 카메라, 핸드폰을 차량의 유리창을 깨고 가지고 달아나는 것이다. 오스트리아는 안전하지만 경찰에 신고를 하고 도둑을 찾으려고 해도 쉬운 일이 아니기 때문에 사전에 조심하는 것이 최고의 방법이다. 되도록 차량 안에는 현금이나 가방, 카메라, 스마트폰을 두지 말고 차량 주차 후에는 트렁크에 귀중품이나 가방을 두는 것이 안전하다.

2. 안 보이도록 트렁크에 놓아야 한다.

자동차로 여행할 때 차량 안에 가방이나 카메라 등의 도둑을 유혹하는 행동을 삼가고 되도록 숙소의 체크아웃을 한 후에는 트렁크에 넣어서 안 보이도록 하는 것이 중요하다.

3. 호스텔이나 캠핑장에서는 가방보관에 주의해야 한다.

염려가 되면 가방을 라커에 넣어 놓던지 렌트카의 트렁크에 넣어놓아야 한다. 항상 여권이나 현금, 카메라, 핸드폰 등은 소지하거나 차량의 트렁크에 넣어두는 것이 좋다. 호텔이라면 여행용 가방에 넣어서 아무도 모르는 상태에 있어야 소지품을 확실히 지켜줄 수 있다. 보라는 듯이 카메라나 가방, 핸드폰을 보여주는 것은 문제를 일으키기 쉽다. 고가의 카메라나 스마트폰은 어떤 유럽국가에서도 저임금 노동자의 한 달 이상의 생활비와 맞먹는다는 것을 안다면 소매치기나 도둑이 좋아할 물건일 수밖에 없다는 것을 인식할 수 있을 것이다.

4. 모든 고가품은 트렁크에 보관하자.

자동차 여행을 하면 짐 보관을 자동차에 두고 나오기 때문에 소홀해지는 경우가 많다. 그런데 자동차에 돈이나 지갑, 가방을 두고 나오면 도난이 되는 경우가 발생한다.

5. 주차 시간은 넉넉하게 확보하는 것이 안전하다.

어느 도시에 도착하여 사원이나 성당 등을 들어가기 위해 주차를 한다면 주차 요금이 아깝다고 생각하기가 쉽다. 그래서 성당을 보는 시간을 줄여서 보고 나와서 이동한다고 생각할 때는 주차요금보다 벌금이 매우 비싸다는 생각을 해야 한다. 주차요금 조금 아끼겠다고 했다가 주차시간이 지나 자동차로 이동했을 때 자동차 바퀴에 자물쇠가 채워져 있는 경우도 상당하다.

도시 여행 중

1. 여행 중에 백팩(Backpack)보다는 작은 크로스백을 활용하자.

작은 크로스백은 카메라, 스마트폰 등을 가지고 다니기에 유용하다. 소매치기들은 가방을 주로 노리는데 능숙한 소매치기는 단 몇 초 만에 가방을 열고 안에 있는 귀중품을 꺼내가기도 한다. 지퍼가 있는 크로스백이 쉽게 안에 손을 넣을 수 없기 때문에 좋다. 크로스백은 어깨에 사선으로 메고 다니기 때문에 자신의 시선 안에 있어서 전문 소매치기라도 털기가 쉽지 않다. 백팩은 시선이 분산되는 장소에서 가방 안으로 손을 넣어 물건을 집어갈 수 있다. 혼잡한 곳에서는 백팩을 앞으로 안고 눈을 떼지 말아야 한다.

전대를 차고 다니면 좋겠지만 매일같이 전대를 차고 다니는 것은 고역이다. 항상 가방에 주의를 기울이면 도둑을 방지할 수 있다. 가방은 항상 자신의 손에서 벗어나는 일은 주의하는 것이 가방을 잃어버리지 않는 방법이다. 크로스백을 어깨에 메고 있으면 현금이나 귀중품은 안전하게 보호할 수 있다. 백 팩은 등 뒤에 있기 때문에 크로스백보다는 안전하지 않다.

2. 하루의 경비만 현금으로 다니고 다니자.

대부분의 여행자들은 집에서 많은 현금을 들고 다니지 않지만 여행을 가서는 상황이 달라진다. 아무리 많은 현금을 가지고 다녀도 전체 경비의 10~15% 이상은 가지고 다니지 말자. 나머지는 여행용가방에 넣어서 트렁크에 넣어나 숙소에 놓아두는 것이 가장 좋다.

3. 자신의 은행계좌에 연결해 꺼내 쓸 수 있는 체크카드나 현금카드를 따로 가지고 다니자.

현금은 언제나 없어지거나 소매치기를 당할 수 있다. 그래서 현금을 쓰고 싶지 않지만 신

용카드도 도난의 대상이 된다. 신용카드는 도난당하면 더 많은 문제를 발생시킬 수 있으므로 통장의 현금이 있는 것만 문제가 발생하는 신용카드 기능이 있는 체크카드나 현금카드를 2개 이상 소지하는 것이 좋다.

4. 여권은 인터넷에 따로 저장해두고 여권용 사진은 보관해두자.

여권 앞의 사진이 나온 면은 복사해두면 좋겠지만 복사물도 없어질 수 있다. 클라우드나 인터넷 사이트에 여권의 앞면을 따로 저장해 두면 여권을 잃어버렸을 때 프린트를 해서 한국으로 돌아올 때 사용할 단수용 여권을 발급받을 때 사용할 수 있다. 여권용 사진은 사용하기 위해 3~4장을 따로 2곳 정도에 나누어 가지고 있는 것이 좋다. 예전에 여행용 가방을 잃어버리면서 여권과 여권용 사진을 잃어버린 것을 보았는데 부부가 각자의 여행용 가방에 동시에 2곳에 보관하여 쉽게 해결할 경우를 보았다.

5. 스마트폰은 고리로 연결해 손에 끼워 다니자.

스마트폰을 들고 다니면서 사진도 찍고 SNS로 실시간으로 한국과 연결할 수 있는 귀중한 도구이지만 스마트폰은 도난이나 소매치기의 표적이 된다. 걸어가면서 손에 있는 스마트폰을 가지고 도망하는 경우도 발생하기 때문에 스마트폰은 고리로 연결해 손에 끼워서 다니는 것이 좋다. 가장 좋은 방법은 크로스백 같은 작은 가방에 넣어두는 경우지만 워낙에 스마트폰의 사용빈도가 높아 가방에만 둘 수는 없다.

6. 여행용 가방 도난

여행용 가방처럼 커다난 가방이 도난당하는 것은 호텔이나 아파트가 아니다. 저렴한 YHA에서 가방을 두고 나오는 경우와 당일로 다른 도시로 이동하는 경우이다. 자동차로 여행을 하면 좋은 점이 여행용 가방의 도난이 거의 없다는 사실이다. 하지만 공항에서 인수하거나 반납하는 경우가 아니면 여행용 가방의 도난은 발생할 수 있다는 사실을 인지해야 한다. 호텔에서도 체크아웃을 하고 도시를 여행할 때 호텔 안에 가방을 두었을 때 여행용 가방을 잃어버리지 않으려면 자전거 체인으로 기둥에 묶어두는 것이 가장 좋고 YHA에서는 개인 라커에 짐을 넣어두는 것이 좋다.

7. 지나친 호의를 보이는 현지인

유럽 여행의 어느 나라든 여행에서 지나친 호의를 보이면서 다가오는 현지인을 조심해야 한다. 오랜 시간 여행을 하면서 주의력은 떨어지고 친절한 현지인 때문에 여행의 단맛에 취해 있을 때 사건이 발생한다. 영어를 유창하게 잘하는 친절한 사람이 매우 호의적으로 도움을 준다고 다가온다. 그 호의는 거짓으로 호의를 사서 주의력을 떨어뜨리려고 하는 것이다. 화장실에 갈 때 친절하게 가방을 지켜주겠다고 한다면 믿고 가지고 왔을 때 가방과 함께 아무도 없는 경우가 발생한다. 피곤하고 무거운 가방이나 카메라 등이 들기 귀찮아지면 사건이 생기는 경우가 많다.

오스트리아 자동차 운전 방법

추월은 1차선, 주행은 반드시 2, 3차선(기본적인 운전 방법)

유럽에서 운전을 하는 기본적인 방법은 동일하다. 우측차선에서 주행하는 기본적인 방법이 EU 국가들에서는 법으로 규제하고 있다. 1차선은 추월하는 차선이며, 주행은 반드시 2, 3차선으로만 한다.

1차선에서 일정 구간 이상 주행을 하면 위법이 된다고 하는 데, 실제로 1차선에서 운전하기가 힘들다. 왜냐하면 뒤에서 나타난 차에서 계속 비켜달라고 소리를 내거나 점화등 으로 표시를 하기 때문에 차선을 옮겨줘야 한다.

특히 오스트리아는 속도를 즐기는 운전자들이 상당히 많다. 그러므로 추월을 한다면 후방 1차선에 고속으로 주행하고 있는 자동차가 없는지 꼭 확인해야 한다. 고속도로에서 110㎞/h이지만 150㎞/h 이상 주행하는 차들도 많다.

운전 예절

유럽의 고속도로는 편도 2차선(왕복 4차선) 고속도로가 많다. 이때 2차선으로 주행하고 있는데 우측 진입로로 차량이 들어오는 것이 보았다면 추월하는 1차선으로 미리 들어가 진입 차량의 공간을 확보해주는 것도 볼 수 있다.

추월하는 1차선에서 고속으로 주행하고 있는데, 속도가 느린 차량이나 트럭이 추월중이여서 길이 막힐 때, 알아서 비켜줄 때까지 기다려야 한다. 그래도 안 비켜준다면 왼쪽 깜빡이를 켜주어 운전자에게 알려주는 것이 좋다. 안 비켜준다면 그 다음 방법으로 상향등을 켜면 된다.

전조등

나라별로 전조등 사용 기준이 다르다. 서머타임 기간으로 구분하는 나라도 있지만, 도심이나 외곽으로 구분하는 나라도 있다. 다만 운전을 끝내고 주차하면서 전조등이 켜져 있는 지 확인해야 한다. 차량의 밧데리가 방전될 수 있기 때문이다. 필자도 전조등을 켜고 급하게 내리면서 확인을 안 하고 내려서 관광을 한 수 돌아왔다가 밧데리 방전으로 고생을 한 기억이 있다.

① 운전을 한다면 전조등 사용에 고민할 필요가 없다. 대부분의 나라들이 겨울에는 24시간 의무로 전조등을 켜고 다니며, 고속도로에서도 의무적으로 켜야 하는 나라들이 대부분이다.
② 일반 국도나 시내에서 전조등을 켜고 다니는 것이 편리하다. 다만 렌터카를 주차하고 나면 전조등을 껐는 지 확인하는 습관이 필요하다.

국도의 자전거를 조심해야 한다.

고속도로는 아니지만 국도에서 운전을 하면 주말에 특히 자전거를 타는 사람들을 많이 보게 된다. 자전거 전용도로가 있는 것이 아니기 때문에 좁은 도로에서는 조심히 자전거를 타는 사람들을 보호해야 한다.
실제로 운전을 하면서 자전거를 상당히 귀찮은 존재로 생각하는 대한민국의 운전자를 보고 상당히 놀란 기억이 있다. 자전거는 도로 위에서 탈 수 있기 때문에 나의 운전을 방해하는 사람들이 아니다. 그들은 보호받을 권리가 있다.

유럽 국가들의 제한속도

대부분 유럽 연합 국가들처럼 오스트리아도 제한속도나 표지판의 표시도 동일하다.

① 고속도로 제한속도는 110~130㎞/h이다.
② 국도는 90~100㎞/h이고 도시나 마을에 진입하면 50㎞/h이하로 떨어진다.
해당 국가의 제한속도는 국경을 지나면 커다란 안내판으로 표시를 하고 있다. 왜냐하면 솅겐 조약 국가들끼리는 국경선이 없고 아무 제한 없이 이동이 가능하기 때문에 반드시 표지판을 살펴보는 습관이 필요하다.

제한속도 이상으로 주행하는 운전자에게

고속도로의 제한 속도가 130㎞/h이므로 처음에 운전을 하면 빠르게 느껴서 그 이상의 속도로 운전하는 경우가 없지만 점차 속도에 익숙해지면 점점 주행속도가 올라가기 시작한다. 이때 조심해야 한다. 충분한 빠르다고 느끼는 제한속도이므로 과속을 한다면 감시카메라를 잘 살펴봐야 한다.

유럽 연합 고속도로 번호

각각의 고속도로는 고유 번호를 가지고 있다. 유럽 연합 국가들의 고속도로는 'E'로 시작되는 공통된 번호를 가지고 있다. 또한 기존에 사용하던 자국의 고속도로 고유 번호를 함께 사용하므로 지도나 기타 정보를 확인하여야 한다. 예를 들어 오스트리아 도로도 갈때는 'E35-A5'를 사용하고 국도로 이동하면 'A59'를 사용한다.

감시카메라

발칸 반도의 국가들을 제외하고 대부분의 유럽 연합 국가들의 감시카메라는 많은 수는 아니지만 고정형으로 설치되어 있다. 정말 아주 가끔 이동형을 볼 수 있다. 고정된 감시카메라는 몇 백 미터 전에 [Radar Control] 이라는 작은 표지판이 중앙분리대에 설치되어 있다.

이동하면서 감시할 수 있는 감시카메라는 미리 확인할 수 있는 방법은 없지만 단속하는 곳은 마을에 진입하여 속도를 줄여야 하는 제한속도 변동 구간에서 단속하게 된다. 특히 주말과 공휴일은 경찰이 사전에 미리 이동형 카메라로 매복을 하고 있다가. 차량들이 많아서 빠르게 이동하고 싶은 운전자들이 많을 때를 노리게 된다. 이럴 때 경찰을 욕하면서 딱지를 떼이지만 운전자 본인이 잘못했다는 사실을 알아야 한다. 제한 속도만으로 운전을 해도 충분히 빠르게 이동이 가능하다는 사실을 인지하자. 또한 이동형 감시카메라가 수시로 준비할 수 있다.

휴게소

오스트리아의 주유소는 편의점과 함께 운영되는 곳이 많다. 그래서 작은 주유소와 편의점이 휴게소가 된다. 고속도로의 휴게소 중에 대한민국처럼 크고 시설이 좋은 곳들도 꽤 볼 수 있다. 작은 도시라면 중간에 주차구역과 화장실이 있는 작은 간이 휴게소들을 볼 수 있을 것이다.

주차

운전을 하다보면 다양한 상황에 놓일 가능성이 있다. 주차요금을 아끼겠다고 불법주차를 하는 경우는 절대 삼가야 한다. 주차요금보다 벌금은 상당히 많고 차량의 바퀴에 자물쇠가 채워지면 더욱 상황이 복잡하다. 기다리고 경찰과 이야기를 하고 벌금을 낸 후에야 자물쇠를 풀어준다.

또한 갓길에 주차를 하게 되는 상황이라면 반드시 비상등을 켜고 후방 50m 지점에 삼각대를 설치하고, 야광 조끼를 착용해야 한다. 휴게소에서 주차는 차량이 많지 않기 때문에 주차에 문제가 발생할 상황은 없다.

고속도로 운행 필수품

비상 상황에서 필요한 삼각대와 야광 조끼를 반드시 차내에 비치해야 한다.

야광 조끼는 렌터카 차량의 최대 승차인원만큼 비치를 규정하는 국가들이 많다. 따라서 차량 리스 / 렌트에서 삼각대와 야광 조끼가 있는지 꼭 확인하자. 야광 조끼의 경우 직접 구매해야 하는 경우가 많은데 대형 할인마트에서 저렴하게 구입할 수 있다.

여권, 국제면허증, 차량등록증, 렌트/리스 계약서, 보험확인증 등은 반드시 휴대해야 하며, 오스트리아의 경우 한국 면허증도 함께 휴대해야 한다.

유럽의 통행료

동유럽에서 자동차여행을 하면, 국가별로 고속도로 통행료를 내는 방식이 다르다는 사실을 알게 된다. 셍겐조약으로 인해 유럽의 국가들은 국경선을 자유롭게 이동해야 하는 상황에서 각국은 다양한 통행료 징수 방법을 찾아내게 된다.

고속도로 통행료 징수 방법

대한민국과 같은 구간별로 톨게이트Tollgate를 지날 때마다 통행료를 내는 방법과 일정기간 동안 무제한으로 사용할 수 있는 기간별 방법인 비네트 구입를 통행자가 구입하는 방법이 있다.

톨게이트(Tollgate)

톨케이트는 우리나라와 비슷하다. 대부분의 유럽 국가들은 톨게이트를 운영하면서 통행료를 징수한다. 가장 쉬운 방법일 수 있지만 운전자는 시간이 지체되는 단점이 있다. 이탈리아, 프랑스 등이다.

해외에서 톨게이트를 지나려면 사전에 동전을 미리 준비해 놓아야 한다. 또한 최근에 무인톨게이트가 있어서 돈이나 충분한 동전이 없을 경우 유인톨게이트 차선을 찾아 들어가야 한다.

비네트

서유럽과 달리 동유럽은 비네트Vignette를 사용하는 국가들이 많다는 것이다. 스위스와 독일을 비롯해 동유럽의 오스트리아, 체코, 헝가리가 대표적이다. 비네트는 유럽을 여행하는 여행자에게 유혹을 일으키게 만든다. 그러나 비네트를 구입하지 않은 경우가 한 번이라도 생겨서 구입하지 않고도 지나쳐서 좋아했다면 분명히 다음 나라에서 문제가 발생할 수 있다. 벌금은 더욱 많은 비용을 추가로 발생시키므로 주의하자.

비네트Vignette는 1주일(7일), 10일, 30일, 1년 등으로 구분되어 있다. 비네트는 대부분의 주유소에서 구입할 수 있으며, 국경에서는 작은 비네트 구입부스 또는 옆 나라 주유소에서 미리 구입할 수도 있다. 비네트는 차량의 앞면 유리에 부착해야 하며, 구입한 영수증은 꼭 차내에 보관해야 한다.

구입 후 앞 유리창 지정된 위치에 부착해야 한다. 스티커를 사용하지 않고, 운전석 왼쪽 창틀에 그냥 끼워 넣어도 되지만 최근에는 중복 사용을 금지하기 위해 차량번호를 기재하고 부착을 안 하는 주유소도 있다. 이때는 경찰이 비네트 구입 영수증 제시를 요구하는 경우가 있다. 가끔 다른 운전자가 사용하던 비네트를 받는 경우가 있는데, 이때는 영수증을 함께 받는 것이 좋다.

주의사항

비네트Vignette 이용 국가들은 고속도로 진출입로에 톨게이트가 없기 때문에 비네트 없이도 고속도로 이용이 가능하다. 적발될 경우 과중한 벌금을 내야 하므로 마음 편하게 구입해서 운전하는 것이 좋다.

특히 발칸반도의 루마니아 같은 나라들은 국경선을 통과하면서 국경 검문소를 통과해야 하므로 진출입로에서 비네트 구입을 확인하고 구입을 안 하면 벌금을 내야 한다. 동유럽의 헝가리는 많은 진출입로에서 이동카메라로 원격 검색을 하고 있다는 사실도 알아야 한다. 반드시 사전에 비네트를 구입하여 다니도록 하자.

알고 떠나자! 비네트

우리에게 낯선 통행료 징수방법은 비네트Vignette라는 것이다. 독일, 스위스, 동유럽의 도로를 여행하면서 적절한 장소에서 유리창에 부착하는 '비네트'또는 스티커를 요구하기 때문에 자동차 운전자가 지불한 경비를 볼 수 있다.
이 스티커는 고속도로에서 탈 수 있는 도로 세금을 납부하였다는 것을 의미한다. 대부분 10일 이내의 비 네트를 구입하게 된다. 10일간의 스티커 비용은 국가마다 대부분 다르다.

■ 어디에서 비네트를 살 수 있을까?

비네트는 국경 근처의 휴게소, 주유소에서 구입이 가능하다. 해당 국가에 도착하기 전에 주유소, 담배 가게, 고속도로 휴게소에서 경계 국가의 비 네트를 구입할 수 있다. 국경 지대가 있다면 국경 횡단에서 다시 구입할 수 있지만 외부에 있는 운전자가 안전하게 할 수 있는 일은 국경에서 적어도 10㎞에 도달하기 전에 구입하는 것이다.

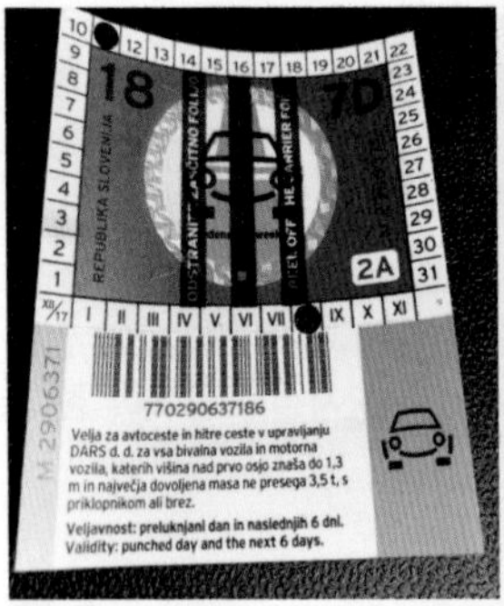

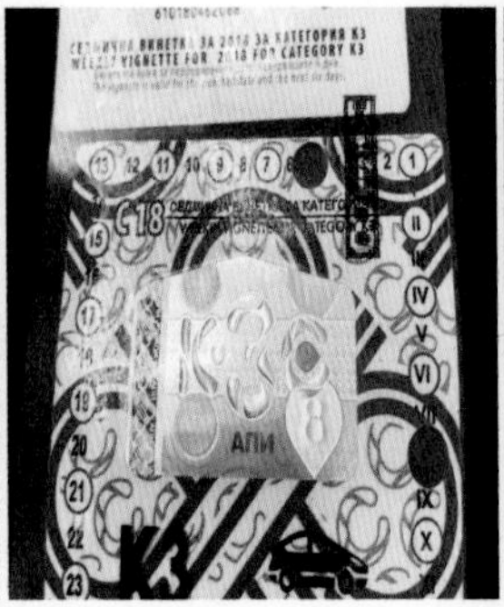

■ 벌금

국경을 통과하는 진입로에 임박해서 구입하지 못했다는 것을 인지하여 돌아가려고 한다면 비 네트를 구입할 수 없으며 벌금을 부과 받게 된다. 만약 통행권을 사지 않고 다닌다면 적발이 안 되면 상관없지만 적발이 되면 벌금이 있으니 유의하고 반드시 해당 국가의 비네트를 구매 후 여행하는 것이 마음이 편하다. '특별 세금'이라고 하는 벌금으로 그 자리에서 지불해야 한다. 그렇지 않으면 특별 절차가 진행되고 벌금이 인상된다.

▶각 나라별 통행권 요금 조회 : www.dalnicni-znamky.com

■ **부착방법**

비네트Vignette 스티커는 제거하거나 다시 부착 할 수 없도록 고안되었다. 필요한 기간에 따라 통행권 구입이 가능하고 뒷면의 붙이는 방법과 위치 설명을 잘 읽고, 차 앞쪽 유리에 붙이면 된다.

스티커를 구입하여 앞 유리의 '왼쪽 위'나 앞 '유리 안쪽의 백미러' 장착 지점 아래 중앙에 있는 비 네트 뒷면에 지정된 곳에 부착해야 한다. 착색 될 경우, 짤막하게 보이는 부분을 착색 부분 아래에 부착해야 명확하게 볼 수 있다.

유럽 고속도로 통행권 가격 / 정보

① 무료인 국가(독일/영국/벨기에/네덜란드/덴마크)
② 우리나라와 동일한 방식의 톨게이트 징수 국가(이탈리아/프랑스/스페인/포르투갈)
③ 기간에 따른 통행료 비네트(Vignette)을 사용하는 국가
(스위스/오스트리아/체코/헝가리/슬로베니아/불가리아 등 동유럽 대부분 국가)

오스트리아 도로

'A'로 시작하는 고속도로를 이용한다.

오스트리아의 고속도로는 수도 빈Wien에서 퍼져 나가는 A1, A2를 이용해 린츠나 잘츠부르크로 이동하게 된다. 유럽의 각국 도로는 유럽 도로를 표시하는 'E' 도로 표시와 각국의 고속도로 표시가 혼합되어 있다. 각국의 도로는 'E'로 상징이 되는 국도 몇 번이 연결되어 있는지 파악하고 이동하면서 도로 표지판을 보고 이동하면 힘들이지 않고 목적지에 도착할 수 있다.

고속도로 통행료 '비네트'

오스트리아의 수도 빈(Wien)이 오른쪽으로 치우쳐 있어서 중북부의 린츠나 서부의 잘츠부르크를 가려면 대부분 고속도로를 이용한다. 그런데 오스트리아는 고속도로 통행료를 내는 방식이 아니고 기간별 통행료를 미리 구입해 차량 앞면에 부착하여 다니는 비네트를 사용한다.

고속도로를 이용하면 빠르게 이동할 수 있으므로 국도보다 편리하다. 다행히 오스트리아의 국토가 넓지 않아서 어디를 가든 4시간 이내에 도착할 수 있으므로 조바심을 낼 필요는 없다. 인근 국가인 독일이나 체코, 슬로베니아를 갈 때는 고속도로가 이어져 나라와 나라 사이를 편리하게 이동할 수 있다.

국도를 이용한다.

오스트리아의 대부분의 도로는 국도이다. 특히 잘츠캄머구트나 알프스의 하이킹 장소를 이용하려면 국도를 이용하여 가게 된다. 그러므로 사전에 몇 번 도로를 이용해 갈지 확인하고 이동하는 것이 좋다.

각국의 국경을 통과할 때 입국수속이나 검문은 없다.

국경을 넘을 때 입국 수속이나 검문이 있을 것으로 예상했는데 싱겁게도 버스가 그냥 지나쳤다. 검문소가 있긴 했지만, 우리나라처럼 국경선 개념이 엄격히 통제되고 있지 않다.

수도인 빈(Wien)이나 잘츠부르크 시내에서는 운전하기가 쉽지 않다.

오스트리아 어디든 도로에 차량이 많지 않고 도로 상태도 좋아서 운전이 어렵지 않지만 시내에서 운전하는 것은 다르다. 특히 수도인 빈Wien에서는 일방통행이 많고 트램과 마차가 혼재하여 있기 때문에 운전하여 다니기는 어렵다. 그러므로 숙소에 주차를 하고 시내는 대중교통을 이용해 여행을 하는 것이 효율적이다.

시내를 벗어나면 험하게 운전한다.

오스트리아의 고속도로는 체코나 독일과 운전형태가 비슷하다. 한마디로 굉장히 빠르게 운전을 하고 2차선에서 추월하면서 앞에 차가 있다면 경적을 울리거나 깜빡이를 켜서 빨리 비켜달라고 한다. 이때 속도를 보니 140㎞/h라서 놀랐던 경우가 한두 번이 아니다. 120㎞/h가 최대 속도이지만 대부분의 차들은 140~150을 넘나들며 운전하고 느리게 가는 차들에게는 깜빡이를 켜면서 차선을 내어주라고 한다. 그리고 반드시 1차선으로 운전하고 추월할 때만 2차선으로 이동하여 추월하고 다시 1차선으로 돌아오는 도로의 운전 방법을 철저히 지키므로 추월할 때도 조심해야 한다.

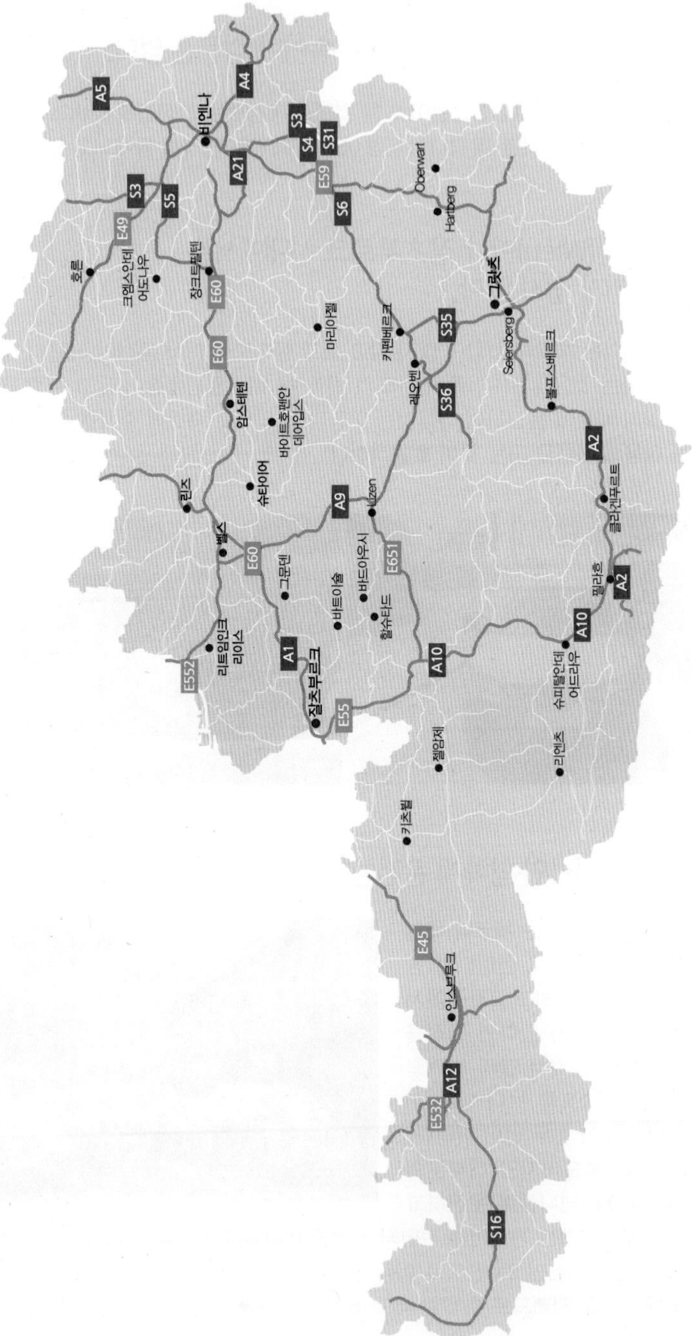

비엔나
그랏츠
잘츠부르크
린츠
벨스
인스브루크
클라겐푸르트
필라흐
슈피탈안데어드라우
리엔츠
젤암제
키츠뷜
할슈타트
바트아우시
바트이슐
그문덴
Lizen
슈타이어
바이트호펜안데어입스
암스테텐
장크트푈텐
크렘스안데어도나우
호른
마리아첼
카펜베르크
레오벤
Seiersberg
볼프스베르크
Oberwart
Hartberg
리트암인크라이스
A5
A4
S3
S4
S31
A21
E59
S5
E49
S6
E60
S35
S36
A2
A9
E651
A10
A1
E55
E552
E45
A12
E532
S16

Wien
빈

빈

WIEN

빈(Wien)은 유럽에서 가장 아름다운 도시 중 하나로 음악의 도시로 더 잘 알려져 있다. 여름에 여행한다면 왈츠를 출 수 있고, 겨울에는 오페라를 즐길 수 있다. 하루나 이틀 정도 빈을 훑어보고 기대 이하라고 실망하는 여행자도 있다. 하지만 빈의 진정한 매력을 모르고 하는 소리이다. 여유를 가지고 빈을 둘러보면 이 아름다운 도시를 사랑하게 될 것이다.

한눈에
빈 파악하기

빈Wien은 2일 정도면 다 둘러볼 수 있다. 그러나 눈에 보이는 것만으로는 빈Wien의 매력을 제대로 느낄 수 없으니 시간을 갖고 여유 있게 돌아보자. 대부분의 볼거리는 링Ring도로 근처에 있다. 먼저 슈테판 광장을 중심으로 돌아보는 것이 좋다. 성당을 본 후 게른트너 거리를 따라 내려가면 국립 오페라 극장이 나온다. 오페라 극장을 보고 오른쪽으로 돌아가면 왕궁과 자연사 박물관, 미술사 박물관이 링Ring 도로를 마주 보고 몰려 있다.

여기서 링Ring도로를 따라서 계속 걸어가면 국회의사당, 시청사, 부르크 극장, 빈 대학이 나온다. 벨베데레 궁전, 쉔부른 궁전은 링 도로에서 조금 떨어져 있으니 트램을 타고 가면 된다. 몇 군데를 제외하고 시내는 충분히 걸어서 돌아볼 수 있다. 24시간 티켓을 구입해 트램과 우반(U-Bahn)을 이용해 다니면 편하게 돌아볼 수 있다.

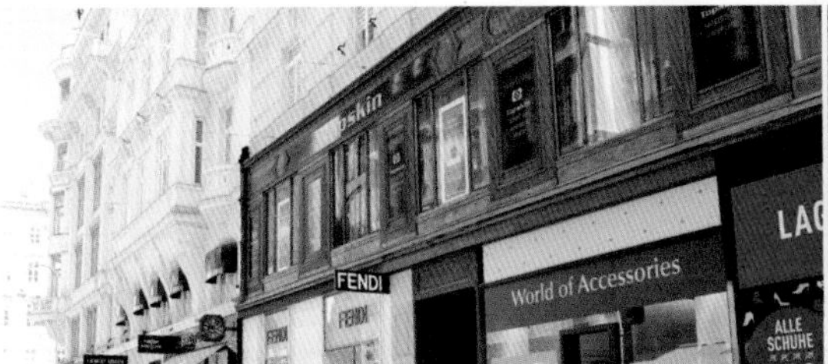

빈 IN

오스트리아는 대한민국에서 모르는 이들은 없을 것이다. 하지만 오스트리아에 대해 물어보면 알고 있는 것은 많지 않다. 오스트리아로 가는 직항은 대한항공이 있지만 대부분의 항공기는 UAE항공이나 에티하드 등의 항공사를 이용하면 두바이, 아부다비 등을 경유해 오스트리아의 수도인 빈Wien으로 이동한다.

중동을 경유하는 항공노선은 새벽 1시에 출발하기 때문에 낮에 출발할지, 밤에 출발할지를 결정해야 한다. 출발시간은 차이가 있어도 오스트리아의 수도, 빈Wien에는 낮에 도착하기 때문에 시내로 이동하는 것이 수월하다.

택시

버스는 시내를 거쳐서 이동하므로 약 30분 정도 소요된다. 만약 빠른 이동을 원한다면 택시를 탑승해야 한다. 최근에 차량 공유 서비스인 우버Uber를 사용하기도 하지만 사전에 도착할 때 정확히 입국수속을 거쳐 나오는 시간을 맞추는 것이 쉽지 않다.
택시를 탑승하기 전에 유로(€)로 환전을 하여 탑승해야 한다. 도착하는 숙소의 위치를 확인해 택시기사에게 자세히 알려줘야 빨리 도착할 수 있다. 또한 출, 퇴근 시간이라면 택시로 이동하는 시간이 오래 이동해야 한다는 것도 알고 떠나자.

공항버스

공항은 크지 않아서 도착하여 입국에 소요되는 시간은 오래 걸리지 않는다. 공항은 작을 것이라는 생각을 하는 관광객이 많지만 공항 시설은 나쁘지 않고 작은 편도 아니다. 공항을 나가서 오른쪽으로 이동하면 버스 정류장이 있다. 배차 간격은 30분이지만 사람이 많으면 시간이 되기 전에 출발하기도 한다.
포스트 버스에서 운영하는 공항버스는 슈테판 성당 근처에 내리는 슈베덴플라츠, 서역인 Westbahnhof 등 시내로 가는 3개의 노선을 운영하고 있다. 새벽 0시 25분까지 시내로 들어가는 버스를 이용할 수 있고 시내에서는 23시 30분까지 공항으로 이동할 수 있다. 약 40~45분 소요되는 버스는 10€(왕복 17€)로 왕복이 편도보다 저렴하다.

■ 홈페이지 : www.postbus.at

타기 전에

심(Sim)카드를 사전에 구입해 구글맵으로 자신이 내릴 위치를 사전에 확인해 놓는 것이 편리하다. 급하다면 시내로 들어가는 버스를 타는 것도 버스를 타고 나서 버스티켓을 구입하면 되기 때문에 어렵지 않다. 만약에 모른다면 버스기사에게 물어보면 설명을 해준다.

내리기 전에

버스에서 나의 숙소 근처에서 내리기 위해서는 정류장을 확인해야 한다. 그런데 확인하기가 쉽지 않다. 그럴 때는 버스에 탑승한 사람들에게 물어보면 영어로 설명해주고 알려주므로 수줍어하지 말고 물어보도록 하자.

국철 (S-Bahn)

빈Wien 시내로 이동할 수 있는 가장 저렴한 방법으로 공항에서 빈 미테Wien Mitte역을 지나 북역Nord까지 25~30분이면 도착할 수 있다. 또한 지하철인 U-Bahn과 연결되어 시내 어디로도 쉽게 이동이 가능하다.

■ **시간** : 4시 30분~23시 40분(30분 간격) ■ **요금** : 5€(유레일 패스 소지하면 무료)

고속열차CAT (City Airport Train)

빈 공항에서 빈 시내로 한 번에 연결되는 고속열차로 빈 미테Wien Mitte역의 도심 공항터미널City Airport Terminal까지 운행하는 데 17분이면 도착이 가능한 장점이 있다. 빈 미테역에서 시내 어디로든 쉽게 메트로, 트램 등을 이용해 이동이 가능하다.

■ 시간 : 6시 06분 ~ 23시 06분(공항 → 빈 미테 역)
5시 36분 ~ 23시 06분(빈 미테 역 → 공항)

■ 요금 : 13€

오스트리아 인근 도시 열차 이동시간

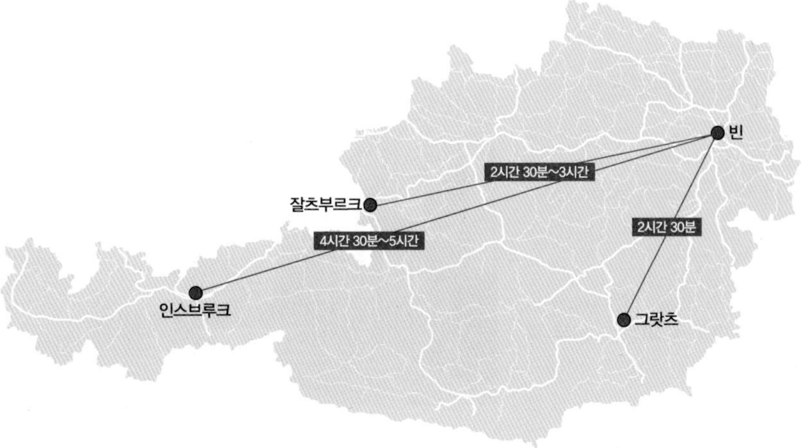

국가의 수도와 열차 이동시간

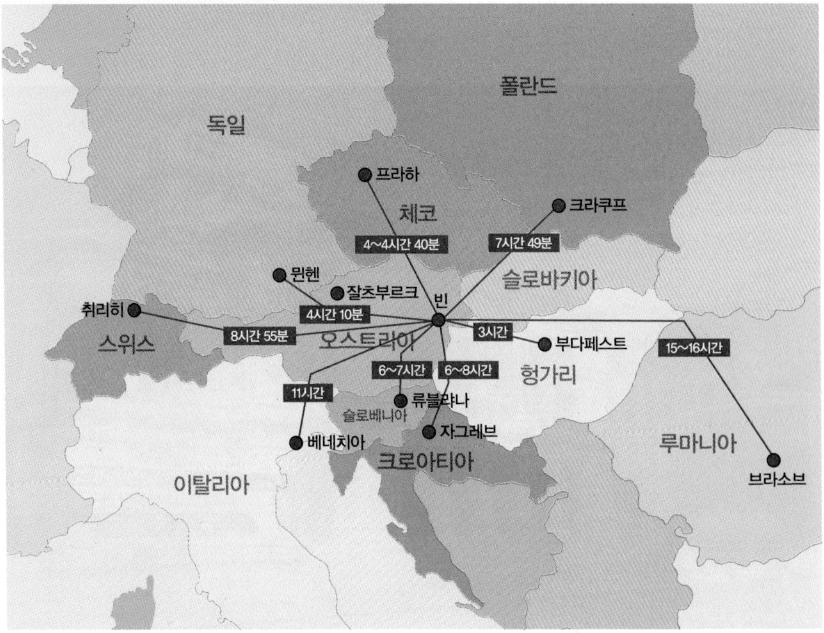

시내 교통

빈Wien의 대중교통은 4가지로 트램Strassenbahn, 지하철U-Bahn, 버스Bus, 택시Taxi이다. 표는 버스나 지하철 입구의 발매기에서 승차권을 구입할 수 있는데, 승차권 1장으로 환승이 가능해 편하게 시내교통을 이용할 수 있다. 대중교통을 이용할 경우 링도로 안쪽이나 링도로 바깥의 남쪽으로 이동하려면 트램Strassenbahn이나 버스가 편리하다.

관광지에 맞춰 노선을 미리 확인해 두면 편리하다. 지하철의 주요 정거장은 출구가 복잡하기 때문에 길을 헤맬 수도 있다. 티켓은 분실하지 말고 내릴 때까지 실물을 보관하고 있어야 한다. 정거장에 다가가면 많이 사람들이 내리고 탑승하기에 누를 일이 별로 없지만 교외 지역의 경우는 꼭 눌러야 한다.

승차권 구매 방법

빈Wien의 대중교통 티켓은 공항의 데스크, 자판기, 정거장의 티켓 판매기, 도심의 편의점에서 구매할 수 있다. 자판기는 영어 메뉴얼이 별도로 제공되고 신식 기계는 카드 결제가 가능하다.

1주일권은 월요일부터 다음주 월요일까지 사용할 수 있으므로 월요일에 구입해야 이익이다. 하지만 관광객은 8일권을 구입하면 1일권이 8장 붙어 있어서 다른 여행자와 나누어 사용이 가능하여 더 효율적이다.

승차권 사용

지하철Metro, 버스Bus, 트램Tram 구분 없이 모든 대중교통을 탑승하기 전에 티켓을 개시해야 한다. 지하철역에는 역사에 진입하기 전에 펀칭 기계가 배치되어 있으며 티켓의 화살표 방향에 따라 넣은 후 빼면 된다. 버스의 경우 버스를 탑승 한 후 출입문과 하차문 옆에 각각 배치되어 있으며 사용방법은 동일하다. 트램 사용도 동일하다.

사용 주의

1. 펀칭을 하지 않으면 승차권을 가지고 있어도 무임승차로 간주하니 반드시 펀칭을 하는 습관을 가지는 것이 좋다.
2. 정류장에 도착해 문이 자동으로 열리는 대한민국의 지하철과 다르게 트램이나 지하철의 문은 손잡이를 돌려서 열거나 버튼을 눌러야 열린다. 신형은 문 열림 버튼을 미리 눌러놓으면 정차하면 자동으로 문이 열리기도 한다.

	요금	유효 기간
1회권	3€(버스, 트램에서 구입시 2.2€)	1회
24시간권	8€	펀칭 후 24시간
48시간권	14€	펀칭 후 48시간
72시간권	17€	펀칭 후 72시간
8일권	38€	펀칭 다음날 01:00
1주일권	17€	월요일 00:00~다음 월요일 09:00

지하철 (U-Bahn)

빈Wien의 지하철U-Bahn은 총 5개의 노선으로 U-1, 2, 3, 4, 6선으로 나누어져 있다. 빨간 색이 U-1선, 보라색이 U-2선, 노랑색이 U-3선, 초록색이 U-4선, 갈색이 U-6선이다. 관광객이 자주 이용하는 지하철의 환승역은 서쪽을 연결하는 U-2선, 동쪽의 쇤부른 궁전으로 이동하는 U-4선, 중앙역을 사용하는 U-1선이다. U-1, 2, 4노선을 모두 이용할 수 있는 카를스플라츠Karlplatz을 자주 이용하게 된다. 지하철은 평일 5~24시까지, 금~일요일은 24시간 운행한다.

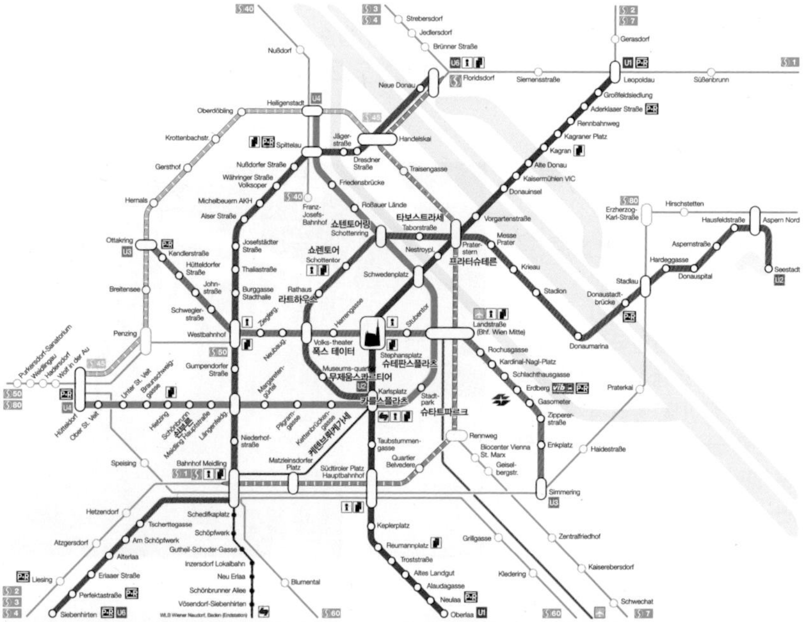

트램 (Strassenbahn)

트램Strassenbahn은 빈Wien에서 가장 대중적인 교통수단이다. 트램Strassenbahn만 잘 이용해도 이동시간을 절약할 수 있다. 트램Strassenbahn에서 타고 내릴 때, 문 앞의 초록색 버튼을 눌러야 내리거나 탈 수 있다. 트램Strassenbahn의 정류장을 보면 정류장의 이름, 노선번호, 노선도와 시간표가 게시되어 있으므로 항상 먼저 확인하는 것이 좋다. 노선도를 보면 정류장 역명이 나와 있으며 도착한 역명에는 밑줄이 그어져 표시를 해두었다.

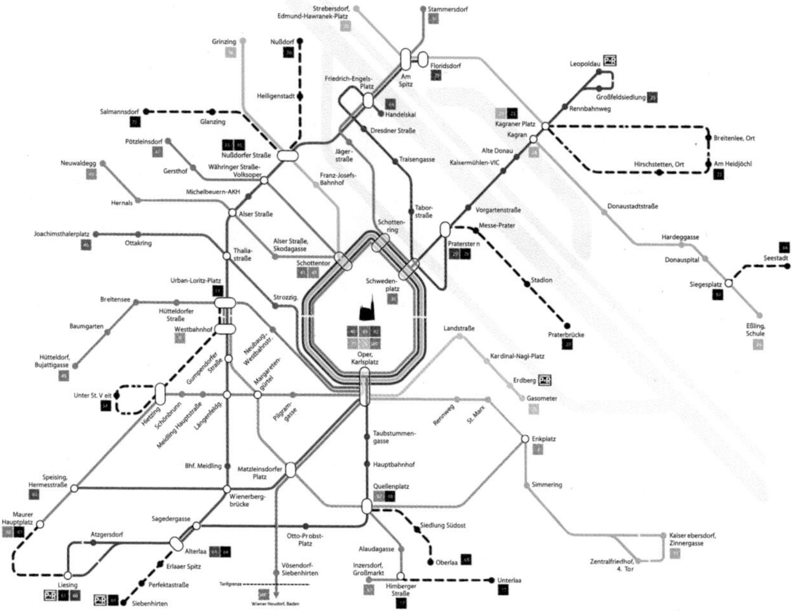

번호	요금
1	카를스플라츠 → 케른트너링/오퍼 → 호프부르크 → 라트하우스(시청) → 슈베덴플라츠 → 프라터 하우프트 알레
2	타보스트라세 → 슈베덴플라츠 → 슈타트파르크 → 케른트너링/오퍼 → 호르부르크 → 라트하우스(시청) → 오타크링어스트라세
D	콰르티어 벨베데레 → 슐로스 벨베데레 → 케른트러링/오퍼 → 호프부르크 → 라트하우스(시청) → 하일리겐슈타트(빈 숲)
18	빈 서역 → 콰르티어 벨베데레
38	쇼텐토어역 → 그린칭
71	첸트랄프리드호프 → 케른트러잉/오퍼 → 호프부르크 → 라트하우스(시청)

버스

대한민국에서 버스는 대중적인 교통수단이지만 빈Wien에서는 트램Strassenbahn이 주 교통수단이고, 지하철U-Bahn이 보조역할을 한다. 버스는 빈Wien의 외곽으로 이동하는 38A로 그린칭Grinzing로 이동하거나 실핏줄처럼 교통 소외지역에 배치되어 있다. 또한 N으로 시작하는, 0시 30분부터 새벽 5시까지 30분 간격으로 운행하는 나이트 버스로 주 교통수단을 보완해주고 있다.

택시

밤늦은 시간이나 거리가 먼 경우에 택시를 이용하기도 한다. 31300 / 40100 / 60160으로 전화를 하여 이용할 수 있는 콜택시는 기본요금이 4.1€로 더 비싸지만 23시 이후 숙소로 이동하는 경우에는 효율적으로 이용할 수 있는 장점이 있다. 요금을 부당하게 더 청구하고, 우회나 돌아가는 등 편법을 사용해 관광객에게 부당한 택시요금을 청구하는 경우는 거의 없다.

■ 홈페이지 : www.taxi–calculator.com

시내 교통권 자동판매기 이용방법

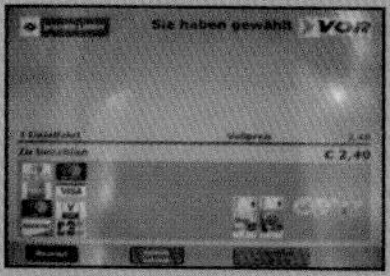
1 화면을 터치해 영어를 선택한다.

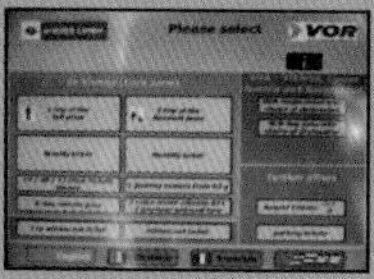
2 원하는 티켓의 종류 선택하고 매수를 입력한다.

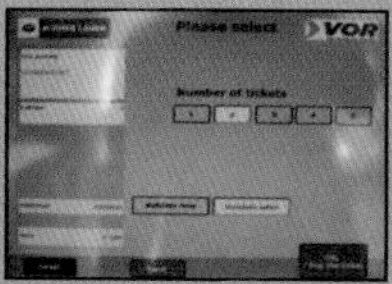
3 티켓 금액(카드도 가능)을 투입한다.

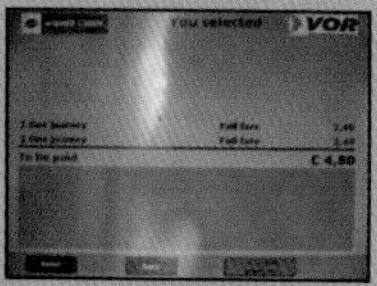
4 티켓과 잔돈을 확인한다.

비엔나 시티 카드 (Vienna City Card)

관광객이 주로 사용하는 비엔나 시티 카드(Vienna City Card)는 대중교통 혜택을 받을 수 있는 빨간색 카드와 관광 명소에서 타고 내리는 빅 버스(Big Bus)와 워킹 가이드 투어를 할 수 있는 하얀 색 카드로 나누어져 있다.

그런데 짧은 기간에 관광지 입장에서 할인이 학생요금으로 할인되는 수준이라 혜택이 크지 않아 사용률은 높지 않다.

■ 홈페이지 : www.viennacitycard.at

- 빨간 색 카드 24시간 : 19€ / 48시간 28€ / 72시간 32€
- 하얀 색 카드(빅 버스 포함) : 24시간 34€ / 48시간 40€
  72시간 44€

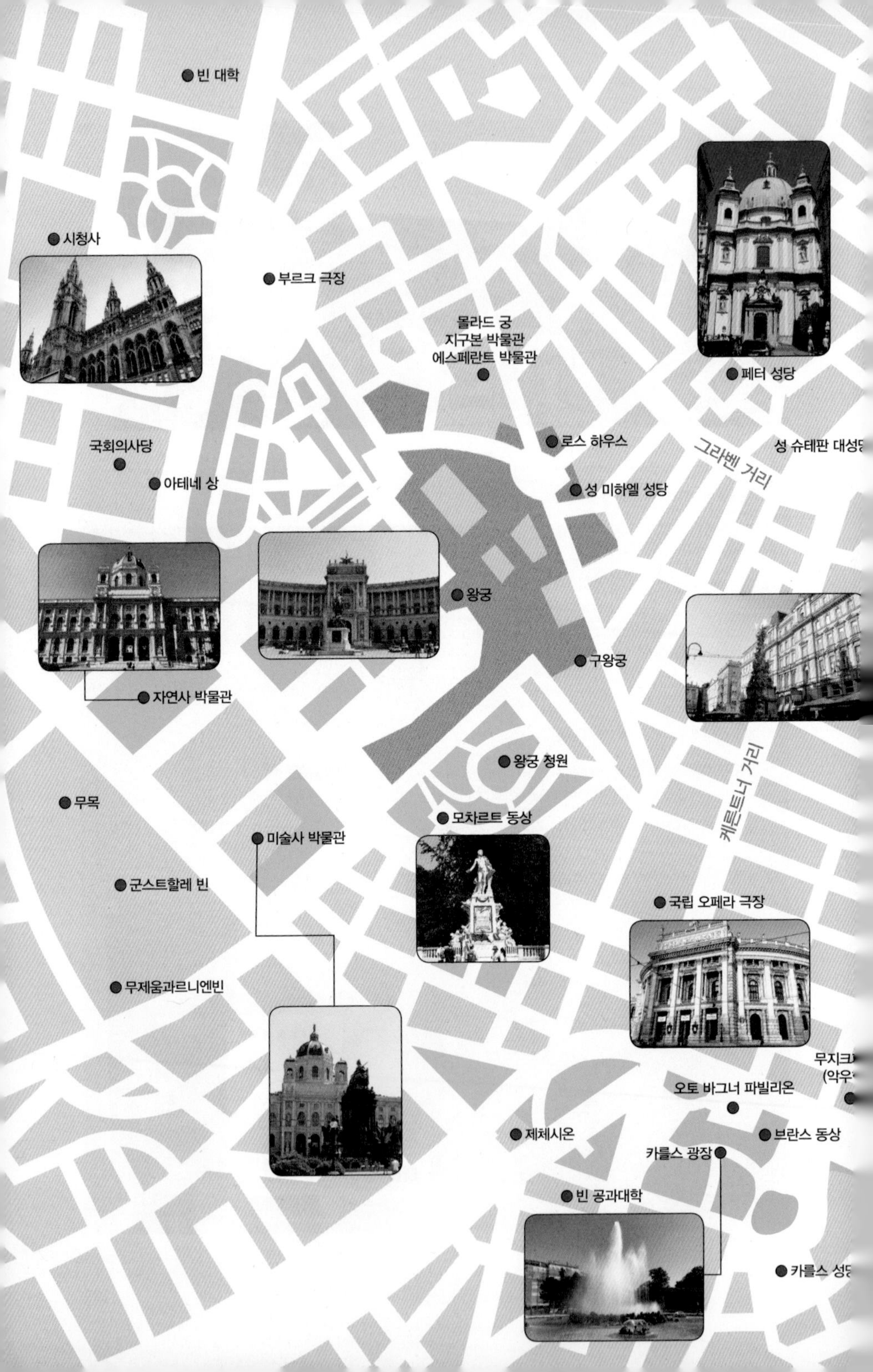
빈 대학
시청사
부르크 극장
몰라드 궁
지구본 박물관
에스페란트 박물관
페터 성당
로스 하우스
그라벤 거리
성 미하엘 성당
국회의사당
아테네 상
왕궁
자연사 박물관
구왕궁
케른트너 거리
왕궁 정원
무목
모차르트 동상
미술사 박물관
군스트할레 빈
국립 오페라 극장
무제움과르트니엔빈
오토 바그너 파빌리온
제체시온
브란스 동상
카를스 광장
빈 공과대학

모차르트 하우스
시립공원
요한 슈트라우스
2세 동상
쿠어살롱
베토벤 동상
콘체르트하우스

MOZART
HAUS VIENNA
mit WIEN MUSEUM MOZARTWOHNUNG
1010 Wien | Domgasse 5
täglich 10 - 19 Uhr | daily 10 am - 7 pm
www.mozarthausvienna.at
wienholding

빈

핵심 도보 여행

빈을 여행할 때는 반지 모양으로 생긴 '링'이라는 도로의 개념을 이해해야 한다. 옛날에 시가지 방어를 위해 동그랗게 성벽을 둘러쌓았는데 지금도 도시가 동그란 모양 그대로 형성되어 있다. 도시를 순환하는 트램도 동그란 모양을 따라 운행을 한다. 빈의 상징인 슈테판 성당으로 이동해 빈 도보 여행을 시작해 보자.

일정

성슈테판 사원 → 게른트너 거리 → 국립 오페라 극장 → 자연사 / 미술사 박물관 → 시청사

슈테판 성당은 오스트리아 최고의 고딕식 성당으로 빈 여행에서 빼놓을 수 없는 곳이다. 12세기에 로마네스크 양식으로 지어지다가 14세기에 고딕식 양식으로 바뀌면서 지금의 모습을 갖추었고 16세기에는 북탑이 르네상스 양식으로 지어져 하나의 성당에 두 개의 양식이 섞여 있는 구조이다. 슈테판 성당은 성당을 보러 가기에도 좋지만 게른트너 거리와 이어지기 때문에 빈 여행을 여기서부터 시작해야 한다.

성당 정면의 기념비 뒤쪽으로 쇼핑거리인 '그라벤'이 있고 성당 왼쪽으로 돌아가면 번화가인 게른트너 거리가 있어서 구분하여야 한다. 슈테판 성당의 근처에도 거리의 예술가가 많지만 게른트너 거리에 많은 거리예술가들이 나와 있고, 음악의 도시답게 콘서트 티켓을 판매하는 중세 복장의 티켓 판매원들도 상당히 많다.

게른트너 거리는 빈의 최대 번화가로 아침부터 상당히 많은 사람들이 지나가고 있다. 보행자 전용도로이기 때문에 더욱 많은 행인들이 돌아다니며 여름에는 많은 관광객들이 쇼핑을 하고 있어서 먹거리도 상당히 많다. 또한 클림트의 그림을 가지고 만든 쟁반, 그릇, 잔들이 판매되고 있다. 벨베데레 궁 2층에 클림트의 '키스'가 전시되어 있기 때문인 것 같다.

점심을 이 거리에서 드실 생각을 하고 바쁘게 지나가는 사람들을 보며 커피 한 잔의 여유를 가지는 건 어떨까? 쇼핑과 점심 식사까지 하면 딱 1시 정도까지 시간이 지난다. 게른트너 거리의 끝에는 세계 3대 오페라 극장 중의 하나인 국립 오페라 극장이 웅장한 모습을 하고 있다.
세계적인 빈 필하모닉 오케스트라가 국립 오페라 극장에서 연주하는 곳이기도 하다. 빈을 여행하다 보면 모차르트, 베토벤, 요한 슈트라우스 등의 동상이 있으니 이 동상을 찾는 것도 하나의 재미가 될 것이다.

국립오페라 극장을 오른쪽으로 돌아가면 왕궁 정원, 미술사 박물관, 자연사 박물관, 헬덴 광장, 시민정원까지 아름다운 정원들과 건축물이 늘어서 있다. 이곳을 구경하는 데에도 족히 3시간은 걸리니 오후 정도의 시간을 비워놓고 관람을 하자. 여름에는 매우 더운 오후 시간을 미술관과 박물관에서 시원하게 관람할 수 있는 장점이 있다.

17~18세기 오스트리아의 합스부르크 왕가는 강력한 제국의 힘을 바탕으로 미술 수집품들을 한곳에 모아놓기 위해 빈에 미술사 박물관을 만들어 이집트, 그리스, 로마, 르네상스 시대의 회화 및 수집품을 모아 놓았다. 외부도 화려하지만 내부도 매우 많은 미술품이 있는데, 특히 합스부르크 왕가의 궁정화가였던 루벤스의 작품들이 많다.

저녁이 되면 시청사로 이동하자. 여름에 오스트리아를 가시면 특히 시청사에서 하는 필름 페스티벌이 빈 여행에서 축제의 밤을 즐기게 해 줄 것이다. 여름에는 국립오페라 극장의 오페라 상연이 없기 때문에 시청사 앞에 대형 스크린을 설치하고 무료로 오페라를 상영하고 각국의 술과 간이식당들이 가득 들어차 있다. 이곳에서 저녁을 먹으면서 유럽여행의 분위기를 잡아보자.

여행자 마음대로

빈 트램 투어

빈Wien은 트램Tram이 지나가는 링Ring 도로가 원으로 이루어져 링Ring 안과 밖의 외곽지역으로 나누어져 있다. 링Ring 안에는 슈테판 대성당을 중심으로 오페라 하우스, 국회의사당과 시청 등 대부분의 관광지가 몰려 있다.

링Ring 밖은 빈Wien 중앙역이 있는 링Ring 도로 남부지역으로 나뉜다고 생각하면 빈Wien을 이해하는 데 도움이 될 것이다. 링Ring 밖에는 세계문화유산인 쇤부른 궁전, 클림트의 그림을 전시한 벨베데레 궁전이 가장 중요한 관광지이다.

링Ring 안은 트램Tram을 이용해 중요한 건축물을 보고, 인근의 관광지는 걸어서 직접 문화유산을 보는 것이 좋다. 링 밖에 있는 관광지는 메트로Metro나 트램Tram을 타고 이동하면 된다.

현재 링 도로를 따라 한 바퀴를 도는 일반 트램Tram은 없다. 관광용으로 만들어진 노란색 링 트램Wien Ring Tram을 이용하면 링 도로를 따라 돌면서, 하루 종일 24시간을 몇 번 타고 내리든 상관없이 이용이 가능하여 관광객에게는 유용하다. 25분이면 링 도로를 돌 수 있는 작은 노선의 트램Tram이지만 빈Wien 여행에는 필수적이다. 역에는 노란색으로 'R'이라는 표시로 노란색 링 트램Wien Ring Tram 역인지 표시해주고 있다. 티켓은 운전사에게 직접 구입하면 된다.

홈페이지_ www.wienerlinien.at
운행시간_ 10~17시(30분 간격 운행)
요금_ 13€(1회권 / 빈 카드 이용 가능)

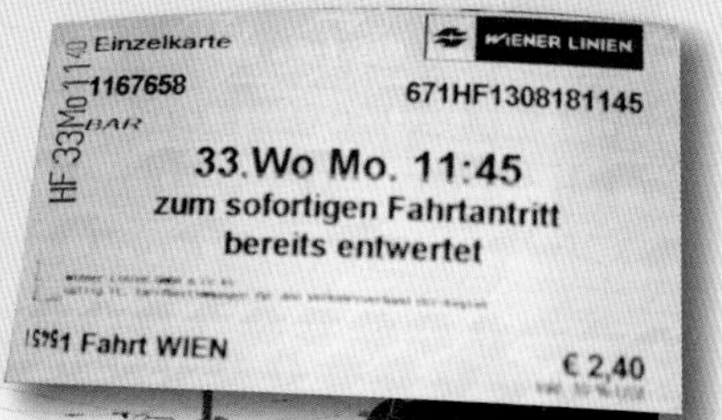

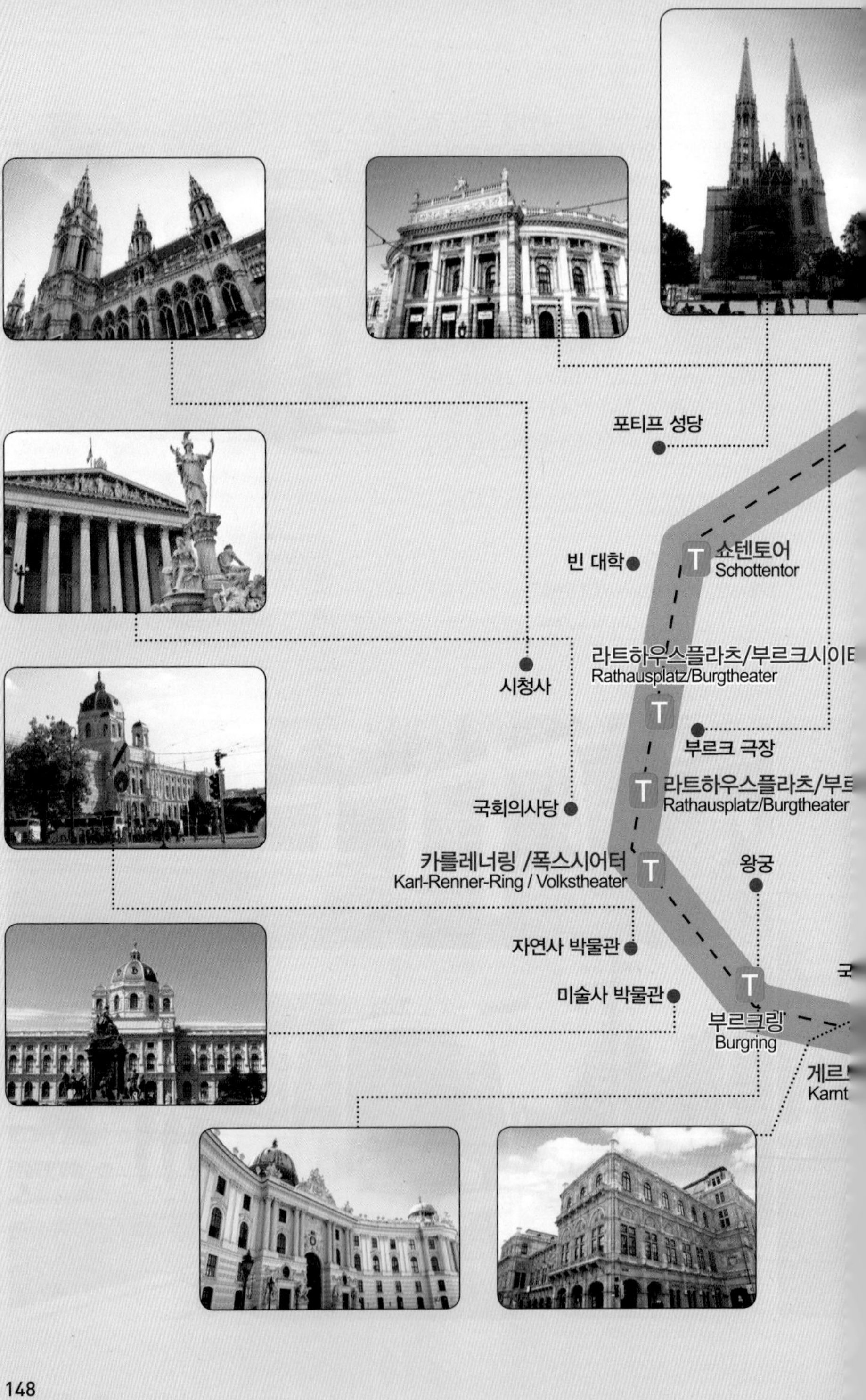

포티프 성당
빈 대학
쇼텐토어
Schottentor
라트하우스플라츠/부르크시이
Rathausplatz/Burgtheater
시청사
부르크 극장
Rathausplatz/Burgtheater
국회의사당
카를레너링 /폭스시어터
Karl-Renner-Ring / Volkstheater
왕궁
자연사 박물관
미술사 박물관
부르크링
Burgring

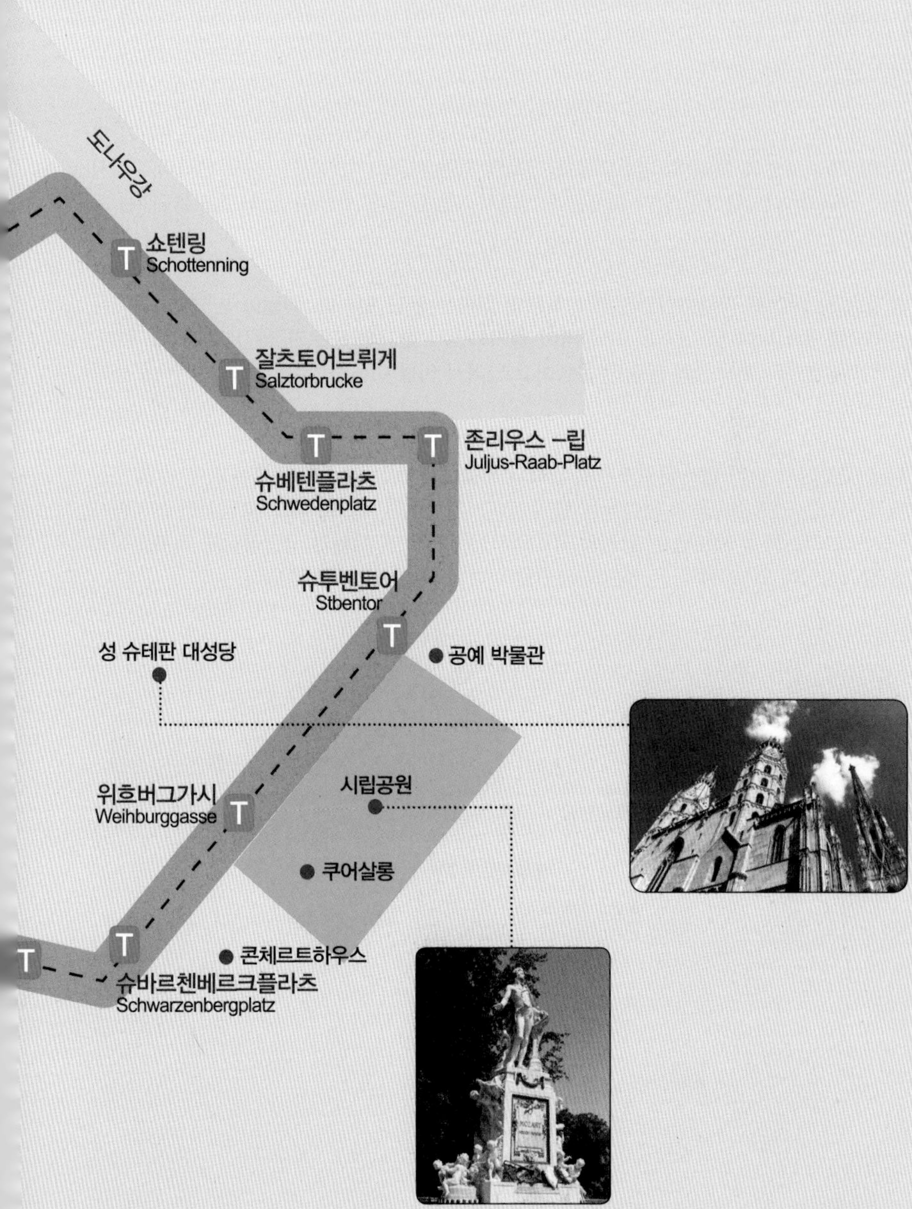
도나우강
쇼텐링
Schottenning
잘츠토어브뤼게
Salztorbrucke
존리우스 -립
Juljus-Raab-Platz
슈베텐플라츠
Schwedenplatz
슈투벤토어
Stbentor
성 슈테판 대성당
공예 박물관
시립공원
위흐버그가시
Weihburggasse
쿠어살롱
콘체르트하우스
슈바르첸베르크플라츠
Schwarzenbergplatz
T

링 도로
Ring Strabße

빈Wien의 중심이 되는 거리로 왕궁, 국립 오페라 극장, 미술사 박물관 등 주요 볼거리가 모두 이 거리 주변에 몰려 있다. 오래전의 영화였지만 지금도 사랑받는 '비포 선라이즈'에서 줄리 델피와 에단 호크가 만나 하루를 보내면서 사랑을 느낀 트램이 링 도로를 돌던 1번 트램이었다.

링 도로만 제대로 파악한다면 빈Wien 여행의 절반은 끝난 것이다. 옛날에 빈Wien 시가지는 성벽으로 둘러싸여 있었는데, 이 성벽이 철거되면서 현재의 도로가 생긴 것이라고 한다. 링Ring거리를 두 개 노선의 트램이 운행하고 있어서 이를 이용하면 편리하게 빈Wien을 돌아볼 수 있다.

시내 곳곳에서 과거 합스부르크가의 권력과 부를 증명하는 훌륭한 건축물과 링의 양편을 따라 서있는 공공건물들과 동상들을 볼 수 있다. 대표적인 것으로 네오 고딕식의 신시청사Rathaus, 그리스풍을 재도입한 형식의 국회의사당Pallas Athene, 19세기 국립극장과 바로크식의 성 찰스성당이 있다. 잘 가꾼 정원과 공원들이 이 건축물 사이사이에 있다.

1, 2번 트램

- **홈페이지_** www.wien.info/en/travel-info/transport/tickets
- **요금_** 2.8€, 15세 이하 1.5€ (1일권 8€)
- **운행_** 5~24시 / 정거장, 요일별로 운행시간이 다르기 때문에 확인 필요
- **노선_** 슈베덴플라츠(Schwedenplatz) 방향 2번 트램 이용 → 슈베덴플라츠(Schwedenplatz)역 하차 → 1번 트램 환승(슈베덴플라츠 역에서 도나우 강을 건너서 북쪽으로 이동)

비엔나 링 트램(Vienna Ring Tram)

- **홈페이지_** www.wien.info/en/sightseeing/sights/vienna-ring-tram
- **요금_** 8€, 15세 이하 4€ 운행_ 10~17시30분
- **노선_** U-Bahn U1 슈베덴플라츠 역 앞에서 승차

빈 오페라극장

Wiener Staatsoper

세계에서 가장 뛰어난 오페라극장 중 하나인 빈 국립오페라극장Wiener Staatsoper에서 공연을 즐겨보자. 감탄을 자아내는 르네상스 양식의 건물에는 상징적인 조각상, 마음을 사로잡는 태피스트리와 함께 금빛으로 빛나는 내부를 볼 수 있다. 공연을 본 뒤 근처의 오페라 박물관에 가거나, 세계에서 가장 훌륭한 오페라극장에서 음악을 감상할 수 있다.

1869년에 지어진 빈 국립오페라극장Wiener Staatsoper는 빈 중심부의 링스트라세에 있는 장엄한 건물에서 최초로 완공된 건물이다. 제2차 세계대전에 파괴되었지만, 1950년대에 세심하게 복구하여 본래의 영광을 되찾았다. 현재 빈 국립오페라극장에서는 거의 매일 공연이 열린다. 연간 50개 이상의 서로 다른 공연을 선보이며 세계에서 가장 프로그램이 다양한 오페라극장이다.

입장하기 전에, 정면에 있는 2층 로지아에는 말을 탄 뮤즈의 조각상과 로지아 위에 있는 합스부르크 가문의 문장을 찾아볼 수 있다.

www.wiener-staatsoper.at Opernring 2(링 스트라세의 카를 광장) 514-44-2250

내부

7개 자유학문 분야를 각각 상징하는 조각상이 곁에 늘어선 넓은 중앙계단을 오르도록 설계했다. 찬양과 인식이라는 제목으로도 알려진 아름다운 천장화가 압권이다. 프란츠 요제프 황제가 차를 마시던 호화로운 황금빛 찻집 안을 엿볼 수 있다.

오페라를 좋아한다면 세계 최고의 오페라극장에서 표를 예매할 수 있다. 커다란 강당은 2,200명의 관객을 수용할 수 있지만, 자리 중에 1/4은 입석이다.

오페라와 콘서트

7, 8월에는 국립 오페라 극장에서의 공연이 없다. 하지만 시내 곳곳에 있는 다른 여러 콘서트홀에서 다채로운 공연을 즐길 수 있다. 대개 이러한 공연에 관한 정보는 관광안내소에서 얻을 수 있고, 슈테판 사운 앞 광장이나 케른트너 거리, 오페라 앞 광장에서 공연 티켓을 파는 직원에게 티켓을 저렴하게 구입할 수 있다. 하지만 반드시 뭔가를 확인할 수 있는 공연 시간은 대부분 20시에 시작이 되며 2시간 정도 진행된다.

오페라의 줄거리

피가로의 결혼

피가로 3부작 중의 하나로 세빌리아의 이발사의 속편이다. 부인 로지나에게 권태를 느낀 백작이 하인 피가로의 약혼녀이자 부인의 시녀인 스잔나를 설득하여 금지된 영주가 영주민의 신부와 첫날밤을 지낼 권리를 내세운다. 여기에 여러 사람의 등장인물이 엮이며 벌어지는 연애 대소동의 이야기이다.

세빌리아의 이발사

아름다운 로지나, 그녀를 사랑하는 백작, 욕심많은 의사 바르톨, 그리고 이발사 피가로가 엮어내는 사랑이야기, 백작은 이발사 피가로에게 도움을 청하고 노인인 주제에 여자를 밝히는 욕심쟁이 바르톨은 유산이 많은 로지나와 결혼하려고 한다. 결국 피가로의 도움으로 백작과 로지나는 사랑을 이루게 된다.

아이다

화려한 무대장치가 스펙타클한 걸작으로 왕녀의 사랑을 뒤로 하고 노예 처녀를 선택하여 사랑을 이루지 못하고 죽어가는 이집트 장군의 이야기로 개선행진의 화려함과 이국적인 나일강을 나타낸 세트 등이 볼 만하다.

라보엠

화가 마르첼로, 철학자, 음악가들과 가난한 생활을 하는 시인 로돌포는 아래층에 사는 미미와 사랑하는 사이가 되어 같이 살게 된다. 그러나 자신이 폐병환자라는 사실을 알게 된 미미는 로돌포의 곁을 떠난다.

나비부인

명치 초기의 일본 나가사키를 무대로 미국 장교의 현지처가 된 일본 여성의 비극을 다룬 이야기이다. 해군 장교 핀커든은 게이샤인 나비와 결혼하였지만 얼마 후에 귀국한다. 아들을 낳은 나비는 계속 그를 기다리지만 미국에서 다시 결혼한 핀커튼은 새 부인을 데리고 다시 일본에 온다. 이 사실을 안 나비는 자살을 한다.

카르멘

스페인 멜로디가 귀에 익숙한 오페라이다. 비제가 죽은 후, 발레를 가미한 그랜드 오페라로 재구성되어, 현재 두 가지로 상연된다. 카르멘을 사랑하게 된 돈 호세는 연적인 투우사 에스카밀리오와 결투를 하려 하지만 어머니의 위급을 알고 고향으로 간다. 후에 카르멘에게 자신에게 돌아올 것을 호소하지만 거부당하자 카르멘을 죽인다.

오페라 관람

빈 오페라 공연의 중심지로 카르멘, 춘희 등의 오페라와 백조의 호수, 한여름 밤의 꿈 등의 발레가 정기적으로 공연된다. 공연 관람은 여행자에게 빈의 낭만에 흠뻑 젖을 수 있는 좋은 기회이다. 그러나 아쉽게도 국립 오페라 극장은 여행자들이 많이 몰려드는 7, 8월에는 정기적으로 휴관하여 많은 이들을 아쉽게 한다. 연중 약 300일을 공연하며 티켓 가격은 다양하다.

국립 오페라 극장 투어

빈에서 가장 유명한 국립 오페라극장은 건물의 역사와 이 장소에 얽힌 이야기를 투어로 만들었다. 7, 8월에는 공연이 없으므로 미련이 있는 여행자들은 투어라도 참가해 보자.

다른 콘서트

민중 오페라 극장(Volkxoper)

국립 오페라극장에서 공연관람을 못하게 된 사람은 이곳에 들러 볼 만하다. 오페레타를 비롯하여 다양한 뮤지컬 공연이 펼쳐지며 국립 오페라 극장과 마찬가지로 7, 8월과 몇몇 축제일에는 휴관한다.

빈 소년합창단의 공연

1498년부터의 역사와 전통을 가진 빈 소년합창단은 단원들의 고운 음색으로 전 세계의 음악 애호가들을 매료시켜 왔다. 빈 소년합창단은 7, 8월을 제외한 매주 일요일 왕궁의 로열 채플에서 합창공연을 가진다.

오페라 필름 페스티벌

매년 7, 8월이 되면 시당국은 전 세계에서 몰려온 많은 여행자들을 위해 시청사 앞의 야외 광장에 대형 스크린을 설치하고 무료로 밤마다 다양한 오페라 공연 필름을 상연한다. 처음에는 카라얀을 추모하기 위해 만들어졌는데 그 후 각종 유명한 오페라 작품을 필름에 담아 상영하게 되었다.

해가 갈수록 점점 더 규모가 커지고 있으며 이때가 되면 광장 앞에는 각국의 음식을 맛볼 수 있는 노천 식당이 설치된다. 또한 맥주를 비롯해 각종 칵테일 등을 파는 노천카페도 생겨나 오페라보다는 이러한 음식을 먹고 즐기려고 모이는 사람들로 붐빈다.

성 슈테판 대성당
St. Stephansdom

성 슈테판 대성당은 빈Wien 대주교의 주교 성당으로, 오스트리아에서 가장 중요한 종교적 건축물이다. 빈 대주교의 주교 성당이자, 눈에 확 들어오는 고딕 양식의 건축물은 고무적인 디자인과 종교적인 예술품, 흥미로운 전설과 탁월한 전망이 압도적인 모습을 나타낸다. 바늘처럼 보이는 슈테판의 남쪽 탑은 빈의 스카이라인에서 두드러져서 대성당에 접근하면 반짝이는 타일로 뒤덮인 지붕이 다양한 색을 드러낸다. 안에는 기가 막히게 멋진 종교예술을 찾을 수 있다.

간략한 역사

1147년에 성 슈테판에게 헌정한 성당이 있었지만 수차례의 수리와 증축, 재건축을 거듭한 슈테판 성당은 오랜 시간 동안 변화한 빈의 건축 취향을 고스란히 나타내고 있다. 교회에서 가장 오래된 서쪽 벽은 1237년에 지어졌다.

탑과 같은 고딕 건축물은 대부분 14~15세기 사이에 지어졌다. 성당의 일부는 제2차 세계대전 중에 일어난 화재에 소실돼었지만 신속하고 성공적으로 복구해 지금도 영광스러운 모습으로 서 있다.

아름다운 풍경 즐기기

관광안내소에서 북쪽으로 보행자 전용 거리인 카르트너 스트라세Karntner Strasse를 따라 올라가 보자. 화려한 상점, 나무들, 카페들과 거리의 예술가들을 만날 수 있다. 이 길을 따라가면 슈테판 성당으로 연결된다.

이 우뚝 솟은 13세기 고딕 양식 걸작은 격자무늬 첨탑은 내부의 벽과 기둥들이 멋진 동상들로 장식되어 있으며 돌로 된 설교단이 특히 뛰어나다. 북쪽 타워를 엘리베이터를 타고 올라가러 계단을 따라 좀 더 높은 남쪽 타워를 오르면 멋진 경치를 즐길 수 있다.

내부

인상적인 종교적 조각이나 부조, 그림을 보면 17세기에 만들어진 마리아 상은 실제로 눈물을 흘린 적이 있다는 이야기가 있을 정도로 정교하다. 성당의 18개 제단 중 장식이 새겨진 고딕 양식의 비너 노이슈테터 제단이 가장 유명하다. 높지만 잘 다듬어진 제단은 종교적인 인물화들로 장식되어 있다.

지하묘지로 내려가면 통로에서 프리드리히 3세 황제의 장대한 무덤을 볼 수 있다. 343개의 계단을 통해 남쪽 탑까지 오르면, 기막힌 도시 전망으로 보상받을 수 있다. 23만 개의 반질거리는 타일 모자이크로 머리가 2개 달린 독수리를 형상화한 성당의 지붕이 인상적이다. 북쪽 탑에서 엘리베이터를 타면 20,130kg 무게의 거대한, "푸메린"이라는 이름을 가진 종을 볼 수 있다.

🌐 www.stephanskirche.at 🏠 Stephansplatz 1(1, 3호선 슈테판광장 하차)
🕒 6~22시(일, 공휴일 7~22시)
€ 무료(성당 입장 / 남탑 6€, 북탑 7€, 지하묘지 7€, 보물관 7€, 포인트 입장권 20.9€

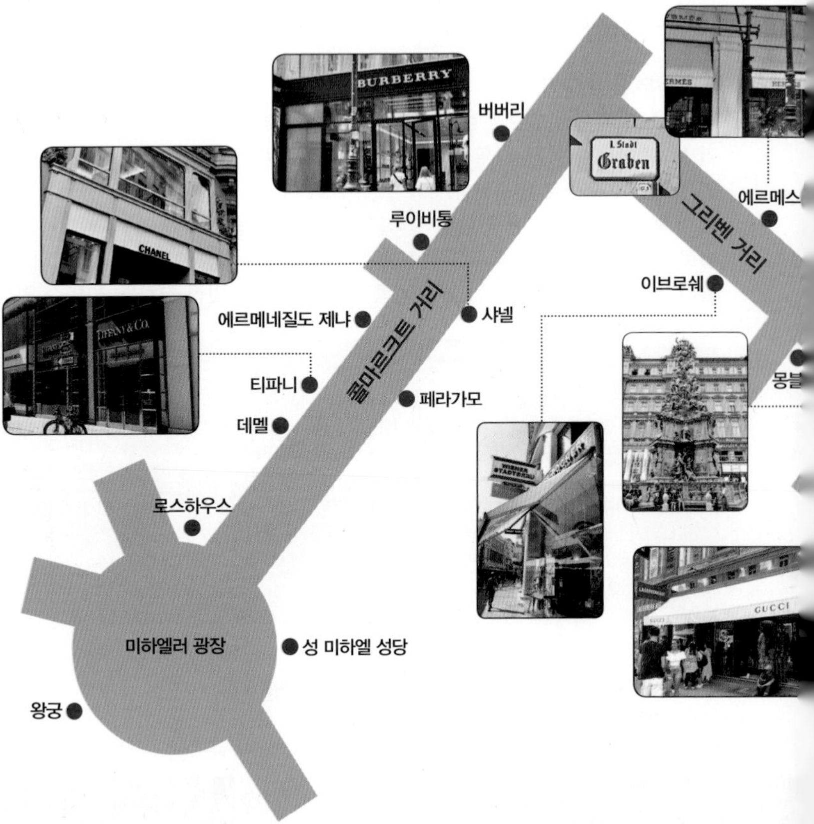
BURBERRY
버버리
루이비통
I. Stadt
Graben
에르메스
그라벤 거리
CHANEL
이브로쉐
샤넬
에르메네질도 제냐
TIFFANY & Co.
티파니
콜마르크트 거리
페라가모
데멜
로스하우스
GUCCI
미하엘러 광장
성 미하엘 성당
왕궁

빈의
대표적인 거리 Best 3

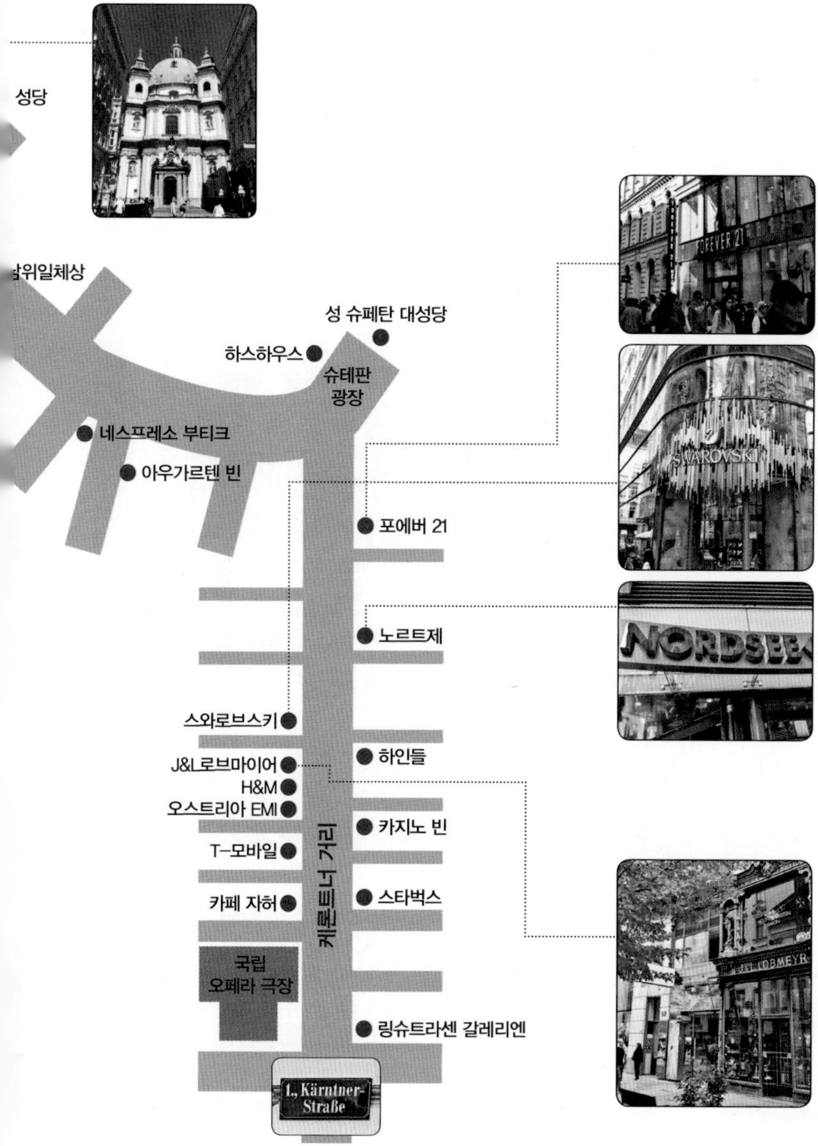

1 케른트너 거리(Kärntner Straße)

국립 오페라 극장에서 성 슈테판 대성당까지의 빈[Wien] 최대의 쇼핑가로, 약 800m에 이르는 보행자 전용거리이다. 거리 양쪽에는 스와로브스키, 노트르제, H&M, 자라, 포에버 21 등의 유명 브랜드 상점들과 레스토랑, 카페들이 밀집해 있다.

거리 양옆으로 카페와 레스토랑, 부티크, 각종 선물 가게가 몰려 있어서 언제나 많은 관광객으로 복잡하다. 간혹 거리에서 악기를 연주하는 버스킹 공연을 하는 사람들이 있다. 거리 악사들의 연주를 들으며 빈[Wien]의 정취에 젖어보는 것도 흥미로운 일이다.

2 그라벤 거리(Graben Straße)

그라벤Graben은 '암호'라는 뜻으로 로마 제국이 빈Wien을 지배할 때 참호를 둔 장소에서 시작한 단어이다. 14세기부터 식료품을 거래하는 상업 지구로 발달하기 시작했다. 최근에는 에르메스, 발리, 몽블랑, 에스카다 등의 명품들이 자리를 잡아 명품 거리로 불린다. 크리스마스 때는 그라벤 거리를 중심으로 화려한 조명과 장식을 수를 놓고 상점들이 크리스마스를 축하하는 축제를 벌인다.

성 삼위일체 상(Pestsa..ule)

그라벤 거리 중앙에는 하얀색의 탑이 눈에 들어온다. 페스트가 사라진 것을 신에게 감사하기 위해 17세기 중반 레오폴트 1세가 세운 성삼위일체 상이다. 코린트 양식의 기둥 꼭대기에 삼위일체를 상징하는 황금 상이 정점에 있다. 처음 디자인한 건축가가 사망하고 방치되었다가 이후에 건축가들이 모여 1693년에 완성하였다.

페터 성당(Peterskirche)

12세기에 시작해 1708년에 완공한 페터 성당(Peterskirche)은 로마의 성 페터 성당을 롤 모델로 만들어냈다. 내부에는 성모 승천을 주제로 천장화가 아름답게 장식되어 있다.

3 콜마르크트 거리(Kohlmarkt Straße)

목탄이라는 뜻의 '콜Kohl'과 시장이라는 뜻의 '마르크트markt'가 만난 단어로 겨울 난방을 위한 목탄 시장이 열리면서 활성화된 거리이다.
왕궁이 세워지고, 왕실에 제과를 납품했다고 하는 세계적인 카페 데멜Demel이 문을 열면서 귀족과 상업으로 돈을 모은 상업가들이 모여 살게 되었고 귀족들의 거리로 탈바꿈했다. 지금도 샤넬, 루이비통, 페라가모, 버러리, 제냐 등의 명품 거리로 알려져 있다.

카페 데멜(Demel)

1786년부터 왕실에 제과를 납품했다고 하는 제과점으로 200년 이상 왕실과 귀족들의 입맛에 맞도록 지속적으로 제품을 개발하였다. 특히 초콜릿과 케이크는 유럽에서도 유명하여 언제나 기다리면서 구입하려는 관광객의 줄을 볼 수 있다.

빈(Wien)의 낭만, 음악의 거리

세계적인 각 도시에는 도시를 대표하고 그곳의 분위기를 상징적으로 간직한 거리들이 있다. 그 거리만의 예술적, 문화적인 정취를 느낄 수 있는 거리가 있기도 하고 도시의 활기찬 분위기와 정서가 유행이나 의식을 읽을 수 있기도 하다.

유럽의 어느 도시에나 그 도시를 대표하는 도로가 있으며 이들 도로의 대부분은 차가 전혀 다니지 않는 보행자 전용거리가 많다. 그 거리 중간에는 벤치나 조그만 분수들이 있어 여행자들의 쉼터가 되어 준다. 또한 거리의 예술가들이 여행객들을 즐겁게 해준다. 그래서 유럽의 도시에 도착하면 먼저 그 도시의 대표적인 거리를 걸으면서 거리의 모습과 풍경을, 분위기를 느껴야 한다. 이국적인 분위기 속에서 걸러지지 않은 도시의 모습을 보는 것은 유럽 여행의 또 다른 즐거움이다.

유럽의 거리가 도시를 나타낸다면 오스트리아는 단연 음악가들의 거리라고 할 수 있다. 여름의 오스트리아는 거리에서 음악가들의 축제를 보고 들을 수 있다. 또한 대표적인 오스트리아의 도시인 빈과 잘츠부르크는 모차르트의 숨소리를 음악으로 들을 수 있는 천진난만한 모차르트가 살아 돌아오는 계절이다. 대표적인 축제가 모차르트 음악제와 빈Wien 뮤직 필름 페스티벌이다.

1920년 8월 20일 모차르트 기념 음악제를 시작으로 세계적인 음악 축제로 발전하였다. 축제 극장을 중심으로 펼쳐지며 페스티벌 기간 동안 잘츠부르크 도시 전체가 음악회장으로 변신한다. 빈 필하모닉 오케스트라를 비롯한 세계적인 오케스트라와 유명한 음악인들이 모여들어 수준 높은 연주를 들려준다.

빈Wien 뮤직 필름 페스티벌은 세계적인 지휘자 카라얀을 추모하기 위해 만들어진 축제는 각종 유명 오페라 작품을 필름에 담아 시청사 앞 야외 광장에서 상영한다. 여름밤에 노천 광장에서 맥주와 음식을 즐기면서 대형 스크린을 통해 오페라와 클래식 음악을 감상할 수 있다. 빈에서 보내는 또 다른 한여름 밤의 낭만이 될 수 있다.

왕궁
Hofburg

13세기부터 1918년까지 650년 동안 합스부르크 왕가의 궁전으로 사용되던 곳이다. 왕궁 앞의 잔디가 잘 정돈된 헬덴 광장Heldenplatz은 터키 군과 나폴레옹 군을 무찌른 것을 기념하기 위해 만든 곳으로 지금은 시민들의 멋진 휴식공간이 되었다.

헬덴 광장Heldenplatz에서 정면으로 보이는 멋진 건물이 신왕궁Neue Burg이다. 이곳에는 터키 에페소스에서 발굴한 유적을 전시하고 있는 에페소스 박물관과 세계에서 가장 오래된 클라비 오르간과 다양한 악기를 전시한 악기 박물관, 무기와 갑옷 등을 전시한 무기 박물관 등이 있다.
신왕궁 앞 광장에는 두 개의 동상이 있는데, 하나는 오스만투르크 군을 무찌른 오이겐 왕자이고, 다른 하나는 나폴레옹과의 전투에서 승리한 카를 대공이다. 이밖에 왕궁에는 스페인 경마학교, 왕궁 예배당, 보물창고, 부르크 정원 등이 있다.

왕궁(Hofburg) 둘러보기

슈테판 광장Stephansplatz에서 서쪽으로 돌아 그라벤 거리Grabenstrasse를 따라 내려가면 울퉁불퉁한 플래이그 칼럼Plague Column이 솟아 있다. 여기서 왼쪽으로 돌아 콜마르크트 거리Kohrmarkt를 따라가면 왕궁Hofburg의 성 미쉘 입구로 연결된다.

왕궁은 1350년 지어졌으며 13세기 이후 계속 증축되어 그 결과 현재는 많은 건축 양식의 혼합을 보여주고 있다. 입구 왼쪽에 승마학교 사무소가 있다. 맞은편에 황제의 아파트가 있다.
거기서 큰 뜰을 지나 스위스 커티야드로 좌회전하면 왕가 성당과 왕가 보물 저장소가 있는데 이곳엔 1,000년이나 된 유물과 보물, 그리고 왕관을 장식했던 보석들이 있다.

🌐 www.hofburgwien.at 🏠 Michaelerkuppel(Ⓤ 2, 3 Volkstheater 하차)

€ 시시 티켓(Sisi Ticket) 31.9€ (구왕궁 황제의 아파트 + 시시 박물관 + 실버 컬렉션 / 쇤부른 궁전 임페리얼 투어 혹은 그랜드 투어, 왕실 가구 박물관)
합스부르크 보물 연합권 22€ (왕궁 보물관 + 신왕궁 + 미술사 박물관)
마스터 티켓(Master Ticket) 24€ (신왕궁 + 미술사 박물관 +레오폴트 박물관)

헬덴 광장(Heldenplatz)

왕궁 앞에 위치한 헬덴 광장은 터키군과 프랑스의 나폴레옹 군대를 무찌른 오스트리아군의 승리를 기념하기 위하여 만들어진 것이다. 광장 앞에는 좌우에 각각 큰 기마상이 서 있는데 하나는 터키군과 싸워 프린츠 오이겐공의 상이고 또 다른 하나는 나폴레옹과의 전투에서 승리한 카를 대공이다.

구왕궁(Alte Burg)

빈 왕궁의 핵심지역인 구왕궁은 오랜 시간 합스부르크 왕가를 지탱해온 장소이다. 헤라클레스 석상이 있는 문을 지나 왕궁 안으로 들어가면 합스부르크 왕가의 보물이 즐비하다.

황제의 아파트 + 시시 박물관 + 실버 컬렉션

7,000여 점의 왕가에서 사용한 식기나 촛대 등을 볼 수 있는 곳으로 은이나 금으로 만들고 장식되어 있는 실버 컬렉션Silberkammer은 15세기부터 이어진 합스부르크 왕가의 명성을 알게 된다.

합스부르크 왕가가 세상에 각인이 된 것은 프란츠 요제프 1세의 아내인 황후 시시의 비극적인 사랑이다. 그들의 일대기를 알 수 있도록 전시해 놓은 곳으로 드레스와 초상화 등의 300여점이 시시 박물관Sisi Museum에 전시되어 있다. 프란츠 요제프 1세와 아내인 황후 시시가 사용한 침실이나 집무실, 드레스룸 등을 전시해 놓았다.

🌐 www.hofburg-wien.at ⏲ 9~17시(7~8월은 18시까지) € 13.9€(학생 11.9€)

왕궁 예배당(Burgkapell)

1499년 건립된 고딕 양식의 왕궁 예배당 Burgkapell에서는 매주 일요일 오전 미사 때 빈 소년 합창단의 성가를 들을 수 있다.

🌐 www.hofburgkapelle.at

왕궁 보물관(Schatzkammer)

화려함의 극치를 볼 수 있는 곳으로 유럽에서 가장 아름다운 왕관과 카를 대제의 칼을 비롯해서 왕실의 보물들이 전시돼 있다. 신성로마제국의 황제 관부터 다양한 세공품과 사제 요한의 치아 등의 성경 유물도 전시되어 있다.

🌐 www.wiener-schatzkammer.at

🕒 9~17시30분(화요일 휴무)

€ 13€ (학생 10€ / 합스부르크 보물 연합권 21€)

스페인 승마학교(Spanische Reitschule)

오스트리아 궁정의 화려한 승마술과 훈련 모습을 관람할 수 있는 곳이다. 스페인 승마학교는 카를 6세가 세운 세계 최고의 승마학교로 오스트리아 왕실의 화려한 승마기술과 훈련 모습을 살펴볼 수 있다.

16세기 말 카를 6세에 의해서 설립된 세계에서 가장 오래된 승마학교인데, 처음에 들여온 말들이 모두 스페인산이어서 이 같은 이름이 붙었다고 한다. 입장료가 비싼 데다 입장도 까다롭다.

🌐 www.srs.at ⏲ 10~12시(화~금요일) € 16€ (학생 11€)

오스트리아가 사랑한 황후,
시씨(Sisi)

지금도 오스트리아 곳곳에서 그녀의 초상화를 볼 수 있고, 그녀가 좋아하던 스타일의 기념품도 판매할 만큼 아직까지 오스트리아 사람들의 사랑을 받고 있다. 오스트리아-헝가리 제국의 황후인 카롤린 엘리자베트Karolin Elizabeth(1837~1898)는 사실상 오스트리아의 마지막 황후로 '시씨Sisi'라는 애칭으로 더 유명하다. 고인이 된 지 100년도 지난 지금까지도 사랑받는 그녀는 오스트리아-헝가리 제국을 통치한 황제 프란츠 요제프 1세(1830~1916년)의 부인이다.

당대 유럽 최고였다는 미모와 기품 넘치는 모습의 엘리자베스 황후 초상화를 가지고 초콜릿 제품에 나오는 것을 보면, 후대에 오스트리아 국민의 돈주머니를 채워주고 있는 것이다. 오스트리아인들은 엘리자베스 황후를 처녀 시절의 애칭인 '시씨Sisi'로 지금도 부른다.

독일 남부 바이에른의 영주 막시밀리안 요제프 공작의 딸인 16세 소녀 시씨Sisi는 자신의 친언니 헬레나와 결혼을 하기 위해 무도회에 참석한 사촌오빠 프란츠 요제프 1세 황제와 만난다. 사랑에 빠진 두 사람은 조신한 헬레나를 며느리로 삼고 싶었던 황제의 어머니이자 시씨Sisi의 이모인 소피의 반대를 이겨내고, 1854년 4월 빈에서 성대한 결혼식을 올린다.

하지만 결혼생활은 불행했다. 자유분방하고 감성적인 성격의 시씨Sisi는 시어머니, 소피로 대표되는 황실의 엄격한 규율과 빈틈없는 통제에 짓눌려 고통스러워했다. 그가 기댈 곳은 황제뿐이었고, 숨 쉴 수 있던 것은 오직 그의 사랑이 있기에 가능했다. 이것은 시작에 불과했다.

시씨Sisi는 1855년에 딸 소피가 2살 때, 의문의 병으로 잃었고 그녀만을 사랑하겠다던 황제는 여배우 카타리나 슈랏과 외도를 범한 사실에 나락으로 떨어졌다. 엎친 데 덮친 격으로 아들인 황태자 루돌프는 30세의 나이에 17세인 마리아 베체라 남작부인과의 이뤄질 수 없는 사랑에 고통스러워하다가 1889년에 동반 자살한다.

계속된 불행에 우울증에 시달리던 시씨Sisi는 황제 곁을 떠나 오스트리아가 아닌 헝가리에서 머물며 유럽 각지를 여행했다. 당시 제국의 외무장관이자 헝가리 총리인 안드라시 줄러 백작과의 염문설도 퍼졌지만, 확인되지 않았다. 그녀의 마지막은 1898년 9월10일, 스위스 제네바의 레만 호에서 배에 오르던 시씨Sisi는 무정부주의자인 이탈리아인 루이기 루체니에게 죽임을 당하고 만다.

아름다운 미모에 드라마틱한 생애까지 곁들여지면서 시씨Sisi는 현재, 오스트리아를 대표하는 관광 상품이다. 합스부르크 왕가의 주궁전인 호프부르크 왕궁Wien Hofburg은 시씨Sisi 박물관을 열어서 관광객들이 그녀의 황후로서의 삶을 훔쳐볼 수 있게 상품을 만들었다.

시씨Sisi 박물관을 나와 미하엘 문을 지나 그라벤 거리의 끝에 성 슈테판 대성당이 있다. 성당 앞에 있어 하루에도 수많은 관광객이 찾는 유명 초콜릿 상점인 '하인들HEINDL'에서 큰 비중으로 팔리는 초콜릿이 시씨Sisi 초콜릿이다. 오스트리아의 볼프강 아마데우스 모차르트의 초상화로 포장지를 꾸민 모차르트 초콜릿과 함께 가장 많이 판매되는 것이 바로 시씨 초콜릿이다.

650 JAHRE
Österreichische Nationalbibliothek

시씨를 만날 수 있는

관광지

호프부르크 왕궁의 시씨 박물관(Sisi Museum)

호프부르크 왕궁은 제국의 재상 집무관과 시씨Sisi가 살았던 아말리에 궁에서 총 22개실을 시씨 박물관Sisi Museum, 프란츠 요제프 1세 황제의 아파트, 러시아 알렉산드르 황제의 아파트로 공개하고 있다.

이 중에서 시씨 박물관Sisi Museum은 제1~6실로 각각 죽음(제1실), 시씨 신화(제2실), 소녀시대(제3실), 궁정 생활(제4실), 도피(제5실), 암살(제6실) 등의 6개 테마로 만들어 관람객을 받고 있다. 그네(소녀시대), 드레스(궁정 생활), 검은 상복(도피) 등 유품과 미술품, 그녀의 사진 등 시씨Sisi와 관련된 물품들을 전시한다. 시씨Sisi가 암살당할 때 쓰인 줄칼까지 전시되어 약간은 섬뜩하기도 하다.

황제의 아파트(제7~19실) 중에는 갈색 철제 침대(제15실), 화장대(제16a실) 구리 욕조(제16b실) 등의 방에서 당시 시씨Sisi의 모습을 꾸며, 그의 생전 모습을 더듬어볼 수 있게 했다.

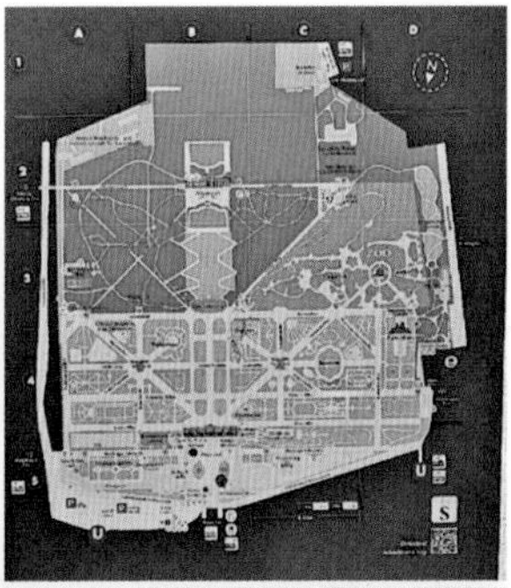

쇤브룬 궁전 내 시씨(Sisi)의 공간

1,441개실을 가진 쇤브룬 궁전에서 일반에 공개된 것은 2층의 45개 실이다. 그중 대부분은 쇤브룬 궁을 건립한 마리아 테레지아 여대 공의 공간을 전시하는 것이고, 시씨Sisi와 황제는 제1~9실까지 전시되어 있다.

테라스의 작은방(제6실), 계단의 작은방(제7실), 파우더 룸(제8실) 등 3개의 방뿐이다. 이외에 시씨Sisi의 초상화가 진열된 프란츠 요제프의 서재(제4실)와 황제를 사랑했던 결혼 초기 공동 침실(제9실)에서 자취를 찾아볼 수 있다. 그런데 궁전 내부를 둘러보고 기념품 공간으로 가면 여제의 테레지아 상품은 거의 없고, 시씨Sisi가 여주인공처럼 기념품 대부분을 차지하고 있다.

신시청사

Neau Rathaus

1883년 완성된 네오고딕 양식의 웅장한 건물 높이 98m의 중앙 첨탑 위에는 3.4m 크기의 기사상이 6m나 되는 기를 들고 있다. 매년 여름밤에는 청사 앞 광장에서 멀티비전을 이용한 야외 필름 페스티벌이 열린다.

광장 앞에는 관광객을 위한 의자가 놓이고 인근에는 노천카페도 있다. 겨울에는 시청사 광장에 아이스링크가 생겨 스케이트를 타는 사람들을 많이 볼 수 있다. 건물 자체만으로도 아름다운 곳이니 들러보는 것이 좋다.

🌐 www.wien.gv.at 🏠 Friedrich-Schmidt-Platz 1(T 1, D 라트하우스플라츠 하차)
🕒 13시(월, 수, 금) 📞 +43-1-4000

무료 필름 페스티벌

매년 7~8월, 빈Wien에서는 시청 앞에 대형 스크린을 설치하고 밤9시부터 연주회를 상영한다. 오페라, 연주회, 발레 등 레퍼토리가 다양한데, 클레식이 주류이다. 매일 바뀌는 프로그램은 관광안내소에서 확인할 수 있다. 이 야외 음악회는 무료이기 때문에 빈 시민은 물론 세계 각국에서 몰려든 여행자들로 늘 인산인해를 이룬다. 의자가 많아 편안하게 앉아서 감상할 수 있다. 주변에서 음료나 맥주, 간단한 먹거리를 판매한다.

국회의사당
Parliament

고대 그리스 신전을 연상하게 하는 웅장한 건물로 1883년에 완성되었다. 국회의사당 앞 분수대 위에는 왼손에 창을 들고 오른손에 승리의 여신 '니케'를 얹어 놓고 있는 지혜의 여신, 아테네 여신이 서 있다.

현대적인 정치형태인 입법권과 행정권을 분리한 것을 보여주기 위해 법전, 행정을 뜻하는 수호의 칼과 저울을 들고 있다. 발아래 있는 샘물은 다뉴브, 엘베, 블타바, 인 강을 상징한다. 신시청사 가는 길에 있으니 같이 둘러보면 된다. 가이드 투어는 의회가 열리지 않을 때 11, 15시나 성수기에는 09~15시까지 매시간 있다. 오페라하우스에서 걸어서 15분 정도 소요된다.

www.parlament.gv.at
Dr. Karl Renner Ring 3(Ⓤ 2, 3호선 폭스테아터(Volkstheater)역, D번 트램 펄러먼트(Parliament)역 하차)
6시 30분~19시(토요일 9~17시) +43-1401-10-0

www.burgtheater.at Universitätsring 2 € 9~64€(입석 4.5€ / 가이드 투어 7€) 01-514-44-4140

부르크 극장
Burgtheater

1741년에 마리아 테레지아 여제가 설립한 부르크극장은 원래 여왕의 연회장 중 하나였다. 1888년에 지어진 현재의 극장은 제2차 세계대전 때 피해를 입었지만 다시 복구되어 현재는 유럽에서 가장 중요한 극장 중 하나로 인정받았다.
화려하게 장식된 르네상스식 건물의 앞모습과 2명의 클림트가 완성한 프레스코화의 경이로움을 볼 수 있다. 독일어권 내에서 의미 있는 극장의 웅장한 강당에 앉아 공연을 볼 수 있기도 하다. 현존하는 최고의 극단들이 공연했던 곳으로 화려한 계단과 거대한 천장화, 건물 곳곳의 복잡한 석고상들이 있다.
부르크극장에는 1년 동안 많은 공연이 열리는데, 남들보다 조금 일찍 도착해 극장의 건축학적 면모를 감상할 수 있다. 빈의 유명한 링 도로를 따라 걸으면, 극장의 인상적인 정면을 볼 수 있다.
전형적인 이탈리아의 르네상스 방식으로 지어진 조각상과 양옆에 희극과 비극의 뮤즈를 거느린 아폴로 신상을 볼 수 있다. 흉상들 중에서 뛰어난 극작가인 셰익스피어나 괴테의 얼굴을 찾아보면 유명한 극작가들의 조각상이 장엄한 계단실에 줄지어 서 있다. 세계적인 빈의 미술가인 구스타프 클림트와 그의 동생 에른스트가 그린 천장 프레스코는 놀라운 볼거리이다.

시립공원
Stadtpark

링 도로의 동쪽 도나우 운하Donau Kanal 근처에 있는 빈Wien 시민들의 휴식처가 시립공원Stadtpark이다. 분수와 연못, 꽃으로 단장되어 있는 공원 한복판을 빈 강이 가로지르고 있고 공원 곳곳에는 슈베르트, 부르크너 등 세계적인 음악가의 동상이 세워져 있다.
특히 공원의 남동쪽 숲에 있는 바이올린을 켜는 요한 스트라우스 황금 동상은 너무나도 유명하다. 1862년 링 도로를 정비하면서 65,000㎡의 규모로 오스트리아-헝가리 제국이 시민들에게 다가가는 계기를 만들고자 했다.

여름에는 매일 밤 8시경 공원의 쿠어살롱Kursalon에서 왈츠공연이 벌어져 시민들은 물론 여행자의 사랑을 받고 있다. 먼저 한 쌍의 남녀가 나와서 왈츠 시범을 보이면 관람객들이 왈츠 음악에 맞추어 서로 어울려서 흥겹게 춤을 춘다.

www.kursalonwien.at Parking 1(Ⓤ 4호선 Stadtpark에서 내려 조금 걸어가면 나온다) 01-4000-8042

빈의 대표적인

박물관 Best 5

미술사박물관(Kunsthistorishches Museum)

꼭 들러야 할 박물관인 이곳에는 많은 16~17세기 그림들과 장식품, 유리제품들과 그리스, 로마, 이집트 골동품들이 소장되어 있다. 합스부르크 제국의 넓은 영토 확장으로 많은 주요 예술작품들이 비엔나로 들어올 수 있었으며, 특히 루벤스Rubens는 브뤼쉘의 합스부르크 행정관 밑에서 일을 했었기 때문에 이곳의 루벤스 소장품은 세계 최고 중 하나이다. 피터 브뤼헬 더 엘더의 작품도 많이 있다.

전시실의 특징

마리아 테레이자 광장을 사이에 두고 자연사 박물관과 마주보고 있다. 1872~1881년에 세워진 르네상스 양식의 웅장한 건물로 주로 합스부르크 왕가가 수집한 미술품을 전시하고 있는데 질과 양적인 면에서 유럽 최대 미술관 중의 하나로 손꼽힌다.

1층에는 그리스, 로마, 이집트의 미술품과 조각, 장식품이 전시되어 있고, 2층은 회화 갤러리로 15~18세기 거장들의 작품이 많이 전시되어 있다. 3층에는 세계 최대 규모의 동전과 메달 전시관이 있다.

주목할 만한 작품으로는 브뤼겔의 '농가의 결혼식Peasant Wedding', 바벨탑', '농민들의 춤'과 루벤스의 모피, 성모 마리아의 승천, 벨라스케스의 왕녀 마르가리타의 초상화 등이 있고 그 밖에 라파엘로, 티렌토트, 반 다이크 등이 작품이 전시되어 있다.

www.khm.at Maria-Theresien-platz(Ⓤ 2, 3 Volkstheater)

10~18시(일~수요일 / 목요일 21시까지 / 9~5월 월요일 휴관)

€ 16€(27세 이하 학생 11€ / 19세 이하 무료), 합스부르크의 보물 연합권 20€(유효기간 1년 / 미술사 박물관, 신 왕궁) 마스터 티켓 24€(유효기간 1년 / 미술사 박물관, 레오폴트 박물관, 신 왕궁)

01-525-240

설립 배경

스페인에서 보헤미아 지방에 이르기까지 유럽대륙을 지배했던 합스부르크 가문은 400여 년 동안 명화와 조각품을 포함한 각종 예술품을 수집했다. 그 중 대표적인 것은 프라하 출신의 루돌프 2세와 브뤼셀 출신의 레오폴트 빌헬름 왕자가 모은 컬렉션이다. 미술사 박물관은 수많은 수집품을 보관하고 전시하기 위하여 고트프리트 젬퍼Gotfried Semper와 칼 폰 하제나우어Carl von Hasenauer의 공동 작업으로 1891년 완공되었다.

미술관은 7천여 점의 회화를 포함해 총 40만 점의 예술품을 보유하고 있는데, 합스부르크 가문의 권위가 유럽을 지배했던 시기에 수집된 것이 대부분이다. 고대 이집트, 그리스와 로마, 16~17세기 회화, 장식 예술품, 유리공예품, 화폐와 매달 등에 이르기까지 상상 이상으로 폭이 넓다. 그중 백미는 역시 회화인데, 독일과 벨기에, 북이탈리아 회화와 스페인 바로크 회화 컬렉션이 뛰어나다는 평을 듣는다.

1층에서 2층으로 올라가는 계단에 있는 카노바의 작품, 켄타우로스를 제압하는 테세우스

농가의 결혼식

바벨탑

전시

합스부르크 왕가와 네덜란드는 역사적으로 오랫동안 연관되었기 때문에 이 박물관의 수장품에도 플랑드르파 작품이 상당수를 차지한다. 유화의 발전에 중요한 역할을 담당한 폴랑드르 회화와 네덜란드 회화를 대표하는 작가들을 위한 전시실이 따로 마련되어 있는데, 이 전시실을 보지 않으면 미술관 박물관의 진면목을 제대로 느꼈다고 말하기 힘들 정도이다.

루벤스Peter Paul Rubens가 그린 알데폰소 재단화는 17세기 중반 스페인 저지국(벨기에, 네덜란드 룩셈부르크)을 통치하던 클라라 이사벨라 왕년가 죽은 남편을 추도하기 위해 요청한 것으로, 이 그림이 브뤼셀의 알데폰소 수도사 교회에 자리 잡은 데에서 이런 이름이 유래했다.

16세기 플랑드르 지역 최고의 풍속 화가였던 피터 브뢰헬Peiter Brueghel의 대표작인 '농가의 결혼식'는 그가 그린 작품 중 가장 완벽한 것으로 손꼽힌다. 짚단을 높이 쌓아 올린 헛간에서 벌이지는 잔치에 참어한 사림들은 믹고 마시는 네 얼중해 있고 신무와 신랑, 그 가족들

농가의 결혼식

브뤼겔이 1567년경에 그린 '농가의 결혼식'는 그의 대표작 중에 하나로 커다란 헛간에서 벌어지고 있는 농민들의 결혼식을 주제로 하고 있다. 그림 속에는 각기 다른 표정과 몸짓을 하고 있는 사람들이 많이 등장하는 데 탁월한 구성으로 인해 복잡하다는 느낌은 들지 않는다.

바벨탑

10 전시실에 있는 '바벨탑'의 웅장한 구도와 세부적인 표현은 보는 이를 놀라게 할 정도로 치밀하다. 거대한 탑은 도시를 눌러 버릴 듯이 당당하지만 아직 미완성 상태인 탑은 불안하기 짝이 없다. 브뤼겔은 이 그림을 통해 인간의 교만과 어리석음을 꼬집으려고 한 듯하다.

도 재미난 모습으로 그려져 있다. 뛰어난 관찰력과 유머를 기반으로 수많은 사람들이 등장함에도 불구하고 공간이 어지럽다거나 혼란스럽지 않게 그려낸 브뤼헬Brueghel의 솜씨를 마음껏 확인할 수 있는 이 작품 말고도 '눈 속의 사냥꾼, 농민들의 춤, 바벨탑, 어두운 날 등의 작품을 감상할 수 있다.

초상화를 가장 많이 그린 화가로 알려진 렘브란트의 작품 중 후기 자화상인 '거대한 자화상'은 단순한 작업복을 입고 있는 자신의 모습을 그린 것이다. 또 '예언자 안나'는 자신의 어머니를 모델로 그린 작품이라고 한다. 그밖에 베르메르Jan Vermeer의 대표작인 '예술가의 작업실'도 이곳에서 볼 수 있다. 이 그림에는 그리스 신화의 뮤지 차림을 한 모델을 스케치하고 있는 화가가 등장한다.

유럽 미술의 기원이 된 이탈리아의 작품 역시 상당수 소장하고 있다. 대부분의 그림은 베네치아에서 가져온 것으로, 우선 제일 먼저 눈에 띄는 것은 다빈치, 미켈란젤로와 함께 르네상스를 이끌었던 거장 라파엘로의 그림이다. 라파엘로가 가장 중시한 것은 화면을 조화롭게 구성하는 것이었다. 몇 번이고 밑그림을 그리고 습작을 해가며 작품 안의 모든 사물과 인물들을 가장 적당한 장소를 찾아내 배치하는 것이 그의 관심사였다.

'초원 위의 성모' 역시 이런 라파엘로의 노력이 빛을 발한 작품으로, 두 아이들을 내려다보는 성모 마리아의 표정은 쉽게 잊혀지지 않을 정도로 자애로우면서 경건하다. 그밖에 티치아노의 '집시 마돈나와 님프와 양치기'도 볼 수 있으며 베네치아 매너리즘의 대표작이라 할 수 있는 틴토레토의 '목욕하는 수산나', 조반니 벨리니의 '화장실의 젊은 여성들'도 자리를 잡고 있다.

왕녀 마르가리타의 초상화

벨라스케스의 '왕녀 마르가리타의 초상화'는 그가 공주를 모델로 그린 여러 점의 초상화 중에서 첫 번째 작품으로 그녀가 세 살 경에 그린 것으로 추정된다. 이 그림은 가장 사랑받는 어린이의 초상화 중 하나로 22세의 젊은 나이에 요절한 그녀는 벨라스케스를 통해서 오래도록 사람들의 마음속에 남게 되었다.

바로크 미술이 르네상스에 이어 새로운 예술 사조로 자리 잡는 데에 있어서 중요한 역할을 한 카라바지오CarVggio는 인상적인 재단화인 '로사리오의 성모 마리아'를 그렸다. 인물 배치를 극도로 세심하게 고려하고 명암 효과를 생각해 모든 시선이 성모 마리아와 아기 예수에게 집중되도록 한 작품이다. 아름답고 생동감 넘치는 르네상스 미술과 달리 강렬한 느낌을 주어 훗날 바로크 양식이 정립되는 기반을 마련했다는 평가를 받는다.

합스부르크 가문은 스페인에도 많은 영향력을 행사했는데 그 과정에서 스페인의 회화들이 많이 유입되었다. 다양한 스페인 회화 중 특히 관심을 끄는 것은 펠리페 4세의 궁정화가였던 벨레스케스의 전시실이다. 특히 펠리페 4세의 딸 마르가리타 테레지아의 어린 시절을 그린 초상화는 명작으로 인정을 받는다.

관심을 가져야 할 또 다른 작품으로는 어린 왕자인 '펠리페 프로스페로의 초상'이다. 이 작품은 벨라스케스가 작업한 합스부르크가의 초상화 중 가장 마지막 작품으로 알려져 있다. 화려한 카페트에 벨벳을 씌운 의자, 길게 늘어뜨린 커튼, 입고 있는 옷의 소매와 붉은 뺨이 마치 생생한 현실의 장면인 듯 펼쳐진다. 단 한 곳도 소홀하지 않고 완벽하게 세부 묘사를 한 탁월한 솜씨가 돋보인다.

기타 다른 유럽권의 작품도 소장하고 있어 이 미술관의 다양성이 더욱 강조되는 느낌을 준다. 프랑스 회화는 비록 수는 많지 않지만 모두 뛰어난 수준에 오른 작품들로 왕이나 귀족, 궁정의 광대 등을 그린 초상화가 대부분을 차지한다. 영국 화가가 그린 대표적 작품으로는 토마스 게인즈버러Thomas Gainsborough의 '서포크 전경'이 있는데, 그 외에 게인즈버러의 다른 작품과 레이놀즈, 로렌스가 그린 초상화도 볼 수 있다.

자연사 박물관(Natur Historisches Museum)

마리아 테레지아 광장에서 미술사 박물관과 마주보고 있다. 유럽에서 손꼽히는 규모의 자연사 박물관으로 지리, 광물, 암석, 동, 식물 등 다양한 분야의 수집품을 전시하고 있다. 유럽의 자연사 박물관들 중 가장 권위가 있는 자연사 박물관에는 거대한 크리스탈, 공룡 뼈와 엄청난 동물 화석들이 있다.

빈의 자연사 박물관을 방문해 디플로도쿠스나 이구아노돈의 거대한 뼈를 보고, 각종 광물과 보석 전시장으로 가자. 다른 곳에는 오래 전에 멸종된 동물들의 화석과 표본 뿐 아니라 선사시대의 흥미로운 미술품도 감상할 수 있다.

자연사 박물관은 1800년대 후반에 설립되었다. 현재 3천만 점이 넘는 유물을 소장하고 있으며, 자연사 관련 수집에 한해 세계에서 손꼽는 규모이다. 웅장한 옛 건물에는 40개가 넘는 전시실이 있는데, 지상 생명체들의 진화 과정과 지구의 생성 과정에 대해 전시하고 볼 수 있는 넓은 공간을 제공한다.
입구는 중앙 순환도로 바로 옆쪽에 있는 마리아 테레지아 광장에 있다. (매주 화요일 휴관)

전시실
약 2만 5천 년 전 구석기인들이 돌에 새긴 조각상인 '빌렌도르프의 비너스'와 117㎏에 달하는 토파즈 원석, 1,500여개의 다이아몬드로 만들어진 마리아 테레지아 여제의 '보석의 부케' 등이 볼만하다. 두개골 분야의 전시도 충실한 편이다.

공룡들을 보고 싶다면 거대한 화석들 옆에 전자 화면이 있어 선사 시대의 생명체들의 생김새와 이동, 정착 등에 대해 볼 수 있다. 빌렌도르프의 비너스 상은 석회암을 깎아 만든 조각상으로 적어도 24,000년 이상 된 것이다.

세계에서 가장 큰 규모의 운석 모음전에는 117㎏에 달하는 토파즈를 보면 다이아몬드를 비롯해 각종 값비싼 보석으로 만든 부케도 있다. 18세기 신성 로마 제국의 여제 마리아 테레지아가 남편을 위해 만들도록 한 것이다.

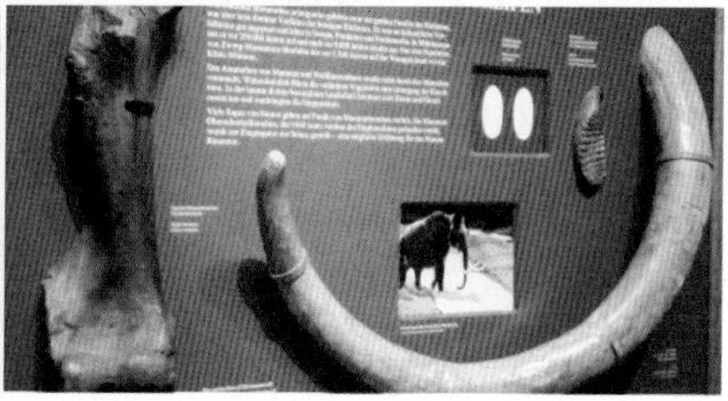

알베르티나(Albertina Museum)

황궁의 남쪽 끝에 자리한 알베르티나Albertina 컬렉션은 1776년에 작센 지방의 알버트 공으로부터 시작되었다. 알버트 공은 18세기 당시의 여제 마리아 테레지아의 사위였다. 현재 모네로부터 피카소까지의 작품 모음 등 고정적으로 전시되는 컬렉션은 100만 점의 판화와 6만 점의 작품 중 일부일 뿐이다. 알베르티나Albertina에서 주기적으로 열리는 전시회는 나머지 작품들을 단계별로 보여 주는데, 수준이 상당하다.

세계 최대의 판화 소묘 컬렉션인 알베르티나Albertina는 중세부터 현대에 걸친 걸작들이 전시되어 있다. 루벤스, 모네, 피카소, 렘브란트를 비롯한 거장들의 작품들을 볼 수 있다. 모네와 피카소를 포함해 앤디 워홀, 클림트 등 현대 작가들의 작품들까지 130년에 걸친 양식의 변화를 살펴볼 수 있는 흔치않은 알베르티나 박물관에서 마리아 테레지아의 딸이 쓰던 황실도 구경할 기회가 있다. 합스부르크 왕가의 접견실에는 매끈한 조각들과 쪽마루로 꾸며진 화려한 방들이 있고, 마리아 테레지아의 딸인 마리 크리스틴이 살면서 사용했던 가구들이 그대로 놓여 있다.

특징

프랑스의 인상파로부터 출발해 독일 표현주의 작가들을 통해 모더니스트 회화로까지 발전해 온 과정을 전시되도록 해 놓았다. 유럽 거장들의 걸작 중에서 루벤스의 어린이에 대한 애착, 클림트의 여성에 대한 탐미, 워홀의 대담한 팝아트, 르누아르의 '소녀의 초상화', 모네의 '수련 연못' 등을 볼 수 있다. 이외에도 레오나르도 다 빈치, 라파엘과 미켈란젤로부터 피카소, 세잔, 실레와 코코슈카에 이르는 거장의 작품들이 전시되어 있다.

www.albertina.at Albertinaplatz 1 10~18시
€ 16.9€(26세 미만 11.9€ / 19세 미만 무료) 01-048-5045

복합 예술 지역

70여 곳의 명소와 시설이 어우러져 있는 복합 예술 지역에는 현대와 고전 미술 전시물을 관람하고 상점에서 쇼핑도 할 수 있으며 혁신적인 디자인을 볼 수도 있다.

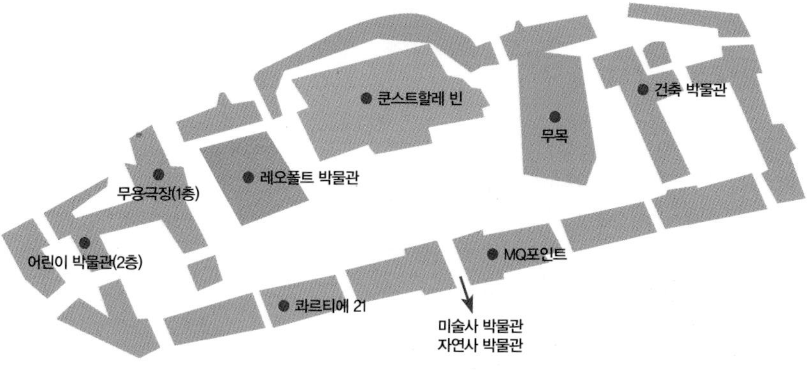

무제움 콰르티에 빈(MQ / Museumquartier Wien)

무제움 콰르티에(MQ)는 2001년에 오픈했으며, 세계에서 가장 큰 문화 공간 중 하나로 손꼽힌다. 옛날 황궁의 마구간과 마차 차고지였던 무제움 콰르티에(MQ)는 60,000m²의 규모를 자랑하며 70여 곳에 달하는 명소와 시설을 갖추고 있다. 빈 최고의 박물관들과 건축 센터, 댄스 센터와 가게 등 볼거리가 다양하다.

무제움 콰르티에(MQ)에 방문하면 복합 예술 공간에 공존하는 바로크 양식의 건물들과 대담한 현대적 양식의 거리 풍경이 극명하게 대조되는 것을 알 수 있다. 독일에서 가장 아름다운 고전 미술 전시품들을 관람하거나 피카소, 앤디 워홀 같은 현대 미술의 거장들이 작품을 볼 수 있다. 갤러리를 방문한 뒤에 추상적인 예술품 같은 벤치에 앉아 휴식을 취하거나 카페나 식당에서 커피를 마셔도 좋다.

🌐 www.mqw.at 🏠 Museumplatz 1/5 🕙 10~19시 € 23€(듀오 티켓 / 아트 티켓 29€) 📞 01-523-5881

레오폴트 박물관(Leopold Museum)

고전 미술을 보려면 이곳을 방문하면 된다. 오스트리아에서 가장 존경받는 아르 누보와 표현주의 화가들의 작품이 전시되어 있으며, 세계에서 가장 많은 에곤 실레의 작품을 전시하고 있다. 정반대의 분위기를 느끼고 싶다면 현대미술관의 '무목'을 찾아보자. 매력적인 잿빛의 현무암 벽 안에 앤디 워홀과 피카소 같은 현대 미술의 거장들의 작품이 전시되어 있다. 미술관인 쿤스트할래의 디자인은 안에 전시된 작품들만큼이나 인상적이다.

거대한 정원이 단지의 중심에 자리하고 있다. 박물관에서 관람을 마친 뒤에는 움직이는 형형색색의 대형 폴리스티렌 모양 구조물에도 앉아 보고, 모든 일정을 잠깐 멈추고 커피를 마시는 장면을 볼 수 있다. 이곳은 인기가 좋은 중심지로, 빈Vien에서 가장 큰 문화 행사들이 열리는 공간이다. 영화 축제가 열리고, 길거리 공연을 펼치는 음악가나 DJ, 배우들이 항상 끊이지 않아 여름에는 볼거리가 넘쳐난다.

www.leopoldmuseum.org Museumplatz 1 10~18시 €14€(학생 10€) 01-525-700

벨베데레 궁전

Schloss Belvedere

낮은 언덕에 지어진 벨베데레 궁전Schloss Belvedere은 빈 시내의 아름다운 전경을 살피기에도 적절한 장소이다. 상궁과 하궁 사이에 기하학적으로 잘 조성된 정원의 조경은 유럽 전역에 명성이 높다. 특히 상궁 뒤편의 식물원은 다른 대도시에서 만날 수 있는 크고 세련된 식물원과는 느낌이 다르다. 이곳에 가면 고즈넉하면서 품위 있는 활기를 느낄 수 있다.

17세기 후반 오스만 투르크와의 전쟁에서 빈을 구한 영웅인 사보인Savoy가의 오인게네Eugene 공이 프랑스의 베르사유 궁을 능가하는 아름다운 바로크 양식의 궁전을 짓기 위해 도시 외곽에 주춧돌을 놓았고 1724년, 힐데브란트에 의해 완공되었다. 이후 이 건물은 합스부르크 왕가의 궁전으로 사용되며 근대에까지 이르렀는데, 1914년 사라예보에서 암살당하며 세계대전의 도화선이 된 페르디난트 왕자가 한때 거주했던 곳이기도 하다. 훗날 오스트리아 공화국의 소유물이 되면서 궁전 내 대부분의 방들이 미술관으로 개조되었다. 상궁은 오스트리아 회화관으로 사용되고 하궁은 중세, 바로크 미술품을 소장하고 있다.

도비니크 지라드가 프랑스식 정원으로 설계한 상궁의 후원

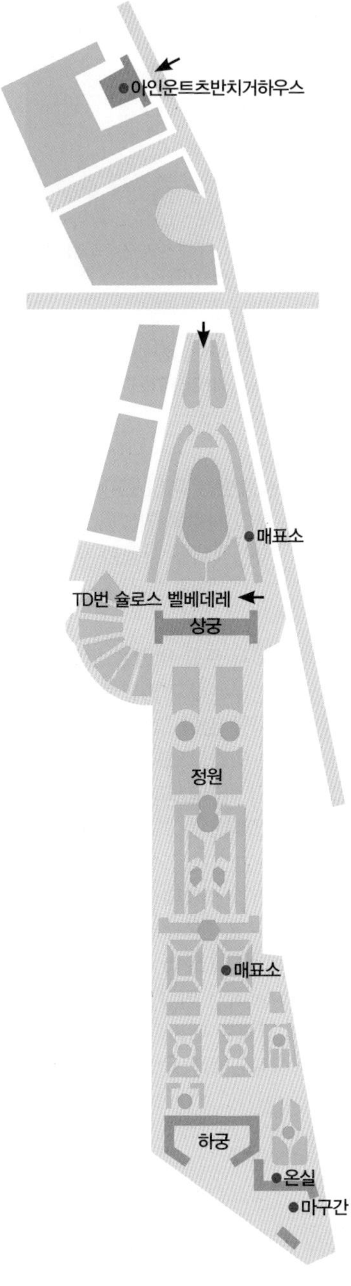

특징

벨베데레 궁전Schloss Belvedere의 상궁은 19~20세기 오스트리아 회화를 위주로 전시하는데 일반인들에게 널리 알려진 화가인 클림트와 에곤 쉴레의 대표작을 만날 수 있는 곳이기도 하다. 전 세계로부터 클림트의 대표작을 보러 오는 사람이 많아서인지 전시실 중 가장 크고 넓은 방이 클림트의 작품을 위해 헌정되었다. 그 밖에도 코코슈카, 프랑스 인상파의 작품 등도 전시된다. 붉은 기가 도는 대리석으로 호화롭게 장식된 2층의 중앙홀은 1955년 오스트리아, 프랑스, 영국, 소련, 미국의 외무부 장관이 오스트리아 국가 조약에 서명한 역사적인 장소이다.

하궁은 벨베데레 궁전Schloss Belvedere을 만든 오이게네공을 상징하는 알토몬테Mario Altomonte의 프레스코화가 펼쳐지는 가운데 마울베르쉬Maulbertsch,

화려한 천장

슈미트Schmidt, 도너Donner 등의 작품이 소장되어 있다. 조각으로는 로댕과 크노프의 작품이 눈에 띈다.

클림트의 키스

이 미술관을 찾는 사람들이 감탄하는 대표적인 작품은 구스타프 클림트Gustav Klimt의 '키스', 제목 그대로 한 쌍의 연인이 온갖 꽃이 만발한 정원에서 무릎을 꿇고 키스하는 그림이다. 화려한 주변 묘사와 눈부신 색채로 인해 두 사람의 키스가 육감적인 감동을 넘어서 신비스럽고 황홀한 사랑을 그대로 전해주는 듯하다. 20세기를 대표하는 최고의 몽환적 이미지로 인정받는 클림트의 작품은 이외에도 '해바라기가 있는 정원, 아담과 이브, 여자 친구들' 등이 있다.

인물에 대한 독특한 표현과 관찰 대상에 대한 뛰어난 묘사로 사랑받는 피터 펜디Peter Fendi는 일상의 사소한 정경을 치밀하게 묘사해 당대 많은 사람들로부터 사랑을 받았다고 한다. 주로 수채화 작업이 많지만 밑그림이 보일 정도로 투명하고 연한 색채를 사용한 유화 작품 역시 관심을 끈다.

1878년 황제의 은혼식을 거행하기 위해 벌어진 대대적인 축제에서 주요 역할을 담당했던 화가 한스 마카르트Hans Makart는 빈이 유럽 최고의 도시로 성장해 부유하고 영향력 있는 권세를 누리던 19세기 후반을 대표하는 작가이다. 상류층의 초상화를 많이 그렸던 그였지만 웅장한 규모의 역사적, 문학적, 신화적 작품으로도 널리 알려져 있다. 대표작으로는 술의 신인 바쿠스가 축제의 주인으로 등장한 가운데 미노스 왕이 딸인 아라아드네가 마치 여신과 같은 분위기로 등장한 모습을 그린 '바쿠스와 아리아드네'가 있다.

현대 작가를 살펴보면 제1차 세계대전 이후 예술을 개인적이고 개별적인 것으로 인식하고자 노력했던 화가 프리덴스라이히 훈더트바서Friedensreich Hundertwasser의 작품도 상궁에서 만날 수 있다. 붉은 색과 노란색, 푸른색이 강렬한 대비를 이룬 그의 작품은 추상적이면서 장식적인 특징을 지니고 있다.

홈페이지_ www.belvedere.at
주소_ Prinz Eugen-Strasse 27
요금 _ 2€(콤비티켓 / 학생 28€) / 28€(클림트 티켓 / 학생 25€)
전화_ 01 795 57 134

벨베데레 궁전(Schloss Belvedere) 집중 탐구

바로크양식 궁으로 이곳에서 멋진 시내 전경을 볼 수 있다. 이곳에는 멋진 시내 전경을 볼 수 있다. 바로크 궁전이 있는 과거 제국의 중심에서 클림트, 모네, 반 고흐의 걸작을 구경하고 빼어난 도시 경관을 즐길 수 있는 곳이다. 낮은 경사 길을 오르며 오랜 역사를 지닌 벨베데레 궁전Schloss Belvedere의 잘 다듬어진 정원을 천천히 둘러보면 화려한 옛 시기를 회상할 수 있다. 이곳에서 바라보는 빈의 전경은 최고라 부를 만하다. 2개의 인상적인 바로크 궁전의 벽 사이에서 호화로운 방들, 구스타프 클림트를 비롯한 유럽 거장들의 유명한 작품을 볼 수 있다.

벨베데레Belvedere는 사보이 왕가의 오이겐 왕자를 위해서 세워졌다. 오이겐 왕자는 350년 전에 프랑스에서 태어났고 이후에 오스트리아 사령관이 되었다. 18세기 초에 지어진 두 왕궁은 빈의 가장 탁월한 구조물로 알려져 있다.
하부 벨베데레 근처에 있는 오랑주리는 현재 현대 미술관으로 쓰이며, 프랑스식 정원에 둘러싸여 있다. 정원 양쪽으로는 대칭을 이루는 길이 나 있고 인공 폭포와 울타리로 꾸며져 있다. 길을 따라 걸으며 여러 조각상과 분수를 감상하면서 여유를 즐겨보자.

집중탐구
벨베데레 궁전Schloss Belvedere에는 두 개의 미술 컬렉션이 있는데 널찍한 정원 안에 자리 잡은 두 개의 큰 건물 안에 있다. 상궁의 벨베데레가 세계적인 수준의 미술관으로 유명하다면, 하궁의 벨베데레는 호화로운 제국의 방과 바로크 전시품들로 보는 이를 매료시킨다.

상궁은 주로 19~20세기의 회화를 전시하고 있는데 클림트의 키스와 유디트는 꼭 보도록 하자. 이밖에도 상궁에는 에곤 쉴레의 작품을 비롯해서 오스트리아 회화, 로댕과 크노프의 작품도 전시되어 있다. 하궁은 원래 오이겐 공의 별궁으로 사용되던 것으로 화려한 프레스코가 인상적인 대리석 홀이 있다. 벨베데레는 '좋은 전망', '전망대'를 일컫는 이탈리아어로 상궁에서 바라보는 빈의 거리 전망은 매력적이다.

상궁

과거 제국의 화랑에 가 보고 정원과 도시의 특출난 경관을 볼 수 있다. 안으로 들어가 구스타프 클림트의 작품이 전 세계에서 가장 많이 소장된 곳이다. 검은 벽에는 보는 이를 사색에 잠기게 만드는 작품 '키스'가 걸려 있다. 또한, 모네, 르누아르, 반 고흐 같은 다른 인상주의 거장들의 작품들과 오스트리아의 중세 미술관도 있다.

하궁

오스트리아 바로크 미술관과 오이겐 왕자가 머물던 호화로운 장소를 볼 수 있다. 대리석 방의 천장에 그려진 정교한 그림에는 오이겐이 그리스의 신 아폴로로 등장한다. 화려하게 장식된 금빛 방에서 데카당스 예술을 더 볼 수 있다. 이탈리아 상류층 출신인 왕자는 여행을 많이 하였기 때문에, 이국적인 미술품과 가구를 좋아했다.

정원

상궁과 하궁 사이에 있는 정원은 베르사유 궁전에서 조경을 참고해 도미니크 기라드Dominique Girard가 계획했다. 상궁 정원에는 스핑크스 조각이 있는데 권력과 지혜를 나타낸다. 하궁 앞의 정원은 불, 물, 육지, 공기를 테마로 디자인했다.

쉰부른 궁전
Schloss Schundbrunn

오스트리아 합스부르크 왕가의 상징인 여름 별궁을 둘러보면 쉰부른 궁전Schloss Schundbrunn 은 오스트리아에서 가장 큰 로코코식 건축물이다. 음악의 도시라는 오스트리아의 빈Wien은 쉰부른 궁전Schloss Schundbrunn으로 완성되었다고 한다.

빈에서 가장 인기 있는 관광지로 쇤브룬이라는 이름은 1619년 마티아스 황제가 사냥 도중 아름다운 샘Schonner Brunnen을 발견한 데서 유래한다. 1713년 레오폴트 1세에 의해 건립되었고, 마리아 테레지아 시대에 현재와 같은 화려한 모습을 갖추게 되었다.

총 1,441실중에서 45실만 공개하고 있는데, 특히 6살의 모차르트가 마리 앙투아네트에게 구혼했던 거울의 방Spiegelsaal과 마리아 테레지아의 비밀 만찬실인 중국식 작은 방Chinerisches Rundkabinett이 볼 만하다.

전 세계적으로 잘 알려진 세계유산에는 해마다 수백 만 명이 찾아온다. 프란츠 요제프, 마리아 테레지아 등 오스트리아 귀족들이 살았던 호화로운 저택을 보고 궁전 뒤에 있는 바로크 양식의 드넓은 공원을 거닐어 보자. 아이들도 18세기 미로와 동물원을 좋아할 것이다.

더 자세히 알아보자!

쇤부른 궁전은 합스부르크 왕가의 영광을 한 눈에 보여주는 곳으로 베르사유와 더불어 유럽에서 가장 화려하고 아름다운 궁전이다. 쇤부른이란 이름은 1619년 마티아스 황제가 사냥을 하던 중 '아름다운 샘'을 발견한 데서 유래된 것이다. 1696년 레오폴드 1세를 시작해서 테레지아 여제 때인 1750년에 완성된 궁전에는 모두 1,441개의 방이 있는데 이 중 45개의 방만이 관광객에게 개방되고 있다.

간략한 역사

쇤부른 궁전(Schloss Schundbrunn)이 속한 120ha의 부지는 6세기 동안 합스부르크 왕가의 소유였다. 막시밀리안 2세는 소유지를 사냥터로 사용하였으나, 레오폴트 1세가 그 위에 왕궁 건설을 명하였다. 기존의 바로크식 뼈대에 추가된 건축물은 18세기 오스트리아의 여제이자, 프랑스의 마리 앙투아네트 왕비의 어머니인 마리아 테레지아 시절에 지어졌다. 궁전은 프랑스 혁명 당시 처형된 루이 16세의 왕비 마리 앙투아네트가 15세 때까지 살았던 곳이었다.

내부

궁전 안을 보고 싶으면, 1,441개의 방 중에 45개가 개방되어 있다. 모든 방을 볼 수도 있고, 하이라이트로 선택된 방만 볼 수도 있다. 백만의 방에서 중국 진열장의 자기 장식을 보면 세련된 프레스코화와 귀중한 가구, 여러 특별한 공예품들로 꾸며진 방들에 들어갈 수 있다.

정원

몇 시간 정도는 정원을 거닐고, 분수대 근처에서 휴식을 취하며 환상적인 전망을 보고 싶다면, 작은 언덕 위에 지어진 글로리에테에 올라가 시원한 음료를 마시며 휴식을 취하자. 근처에서 화려한 꽃으로 둘러싸인 로마 폐허의 모조품을 볼 수 있다.

1752년에 개장한 동물원은 세계에서 가장 오랫동안 운영되었다. 가족들과 함께 왕궁 미로에서 길 찾기를 하고 미로의 출구를 찾은 뒤에, 야자수 온실에 들어가 세계에서 가장 큰 실내 재배 야자수들을 볼 수 있다.

궁전 내부는 화려하고 우아한 로코코 양식으로 꾸며져 있으며 회화, 자기, 가구, 공예품 등 마리아 테레지아 여제, 프란츠 요셉, 카일 1세의 유물이 전시되어 있다. 관심 있게 볼만한 방은 화려하게 장식된 밀리온스 룸The Millions Room과 6살의 나이로 여제 앞에서 콘서트를 한 모차르트가 마리 앙뜨와네뜨에게 구혼을 했던 거울의 방The Mirror Room이다. 궁전 서쪽에는 합스부르크 왕가의 황실 마차가 진열되어 있는 마차 박물관 Wagenburg이 있다.

마리 앙뜨와네트와 쉰부른 궁전

궁전 뒤쪽으로는 1.7㎞에 달하는 광대한 정원이 나온다. 우아하고 세련되게 단장된 정원은 아름다운 꽃과 나무, 분수, 조각상으로 단장되어 있다. 정원의 끝부분에는 18세기 중엽 프러시아와의 전쟁에서 이긴 것을 기념하기 위해 마리아 테레지아가 세운 전승비인 글로리에테Gloriette가 있다. 이곳에 오르면 정원과 중전의 모습이 한 눈에 들어온다. 빈에 와서 이곳을 보지 않는다면 왠지 허전한 느낌이 들 정도로 빈을 대표하는 관광명소이다.

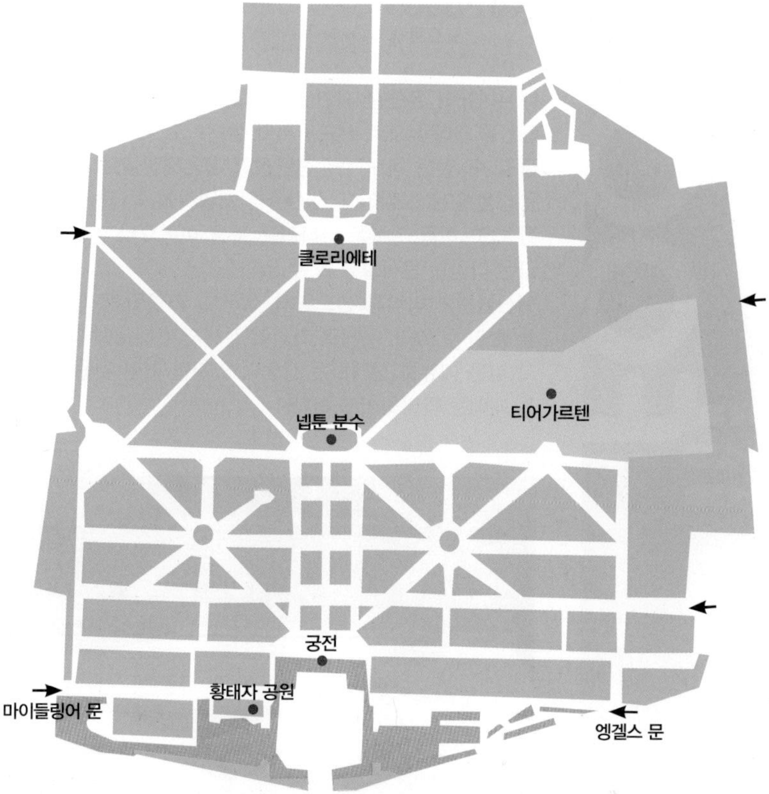

프랑스 혁명으로 단두대의 이슬로 사라진 마리 앙뜨와네트는 마리아 테레지아 여제의 막내딸로 어린 시절을 쉰부른 궁전에서 보냈다. 그리고 루이 16세와 결혼해 유럽에서 가장 아름다운 궁전으로 꼽히는 베르사유 궁전에 거주하였다. 화려하고 사치스러운 생활로 결국에는 형장의 이슬로 사라졌다.

빈 중심부에서 6㎞ 떨어져 있는데, 서역에서 58번 트램을 타면 궁전 입구까지 간다.

홈페이지_ www.schoenbrunn.at
주소_ Schundbrunner Schlossstrasse 47 **시간_** 10~16시(분수 작동 / 4월 중순~10월 중순)
요금 _ 16€(임페리얼 투어 / 20€ 그랜드 투어 / 정원 무료)
전화_ 01 810 1717

Nordsee
노트르제

배낭여행이 유행한 시기에도 배고픈 여행자들을 끌어들였던 해산물 전문점으로 샌드위치와 샐러드로 유명했다. 해산물을 즐길 수 있는 대표적인 전문점이지만 해산물보다 다른 뷔페 음식점 같은 느낌이다. 해산물을 저렴하게 공급하면서 유명세를 타고 이름도 북쪽 바다라는 뜻을 이름으로 만들었지만 지금은 다양한 음식들을 볼 수 있다.
해산물뿐만 아니라 샌드위치, 샐러드, 커틀릿 등 다양한 음식을 즐길 수 있다. 무게로 가격이 정해지기 때문에 다양하게 먹고 싶은 메뉴를 선택하는 장점이 있지만 어떤 것을 먹을지 모를 때에는 막막하기도 하다.

www.nordsee.com Kärntner 25 9~24시 1-512-7354

Schnitzelwirt Schmidt
슈니첼뷔르트 슈미트

돈가스의 원조인 것처럼 느껴지는 오스트리아의 대표 음식인 슈니첼을 맛볼 수 있는 대표적인 레스토랑이다. 너무 유명하여 관광객이면 누구나 찾아가는 곳으로 항상 많은 사람들로 붐빈다. 대한민국 관광객의 입맛에도 맞아서 먹기 쉽고 양도 많아서 배낭 여행자에게도 부담이 없다.

Neubaugasse 52 비너슈니첼과 맥주 13€~ 11~22시(월~토요일, 일요일 휴무)

Figlmuller
피글뮐러

바삭바삭한 슈니첼이 떠오르는 100년이 넘은 레스토랑으로 맛은 기본이다. 겉은 바삭, 속은 촉촉한 슈니첼을 만드는 데 3곳의 다른 팬에서 튀기면서 맛을 바삭하게 만들어준다. 특히 배낭 여행자들이 배부르게 먹고 싶어 자주 찾는다. 볼차일러 거리에 있는 1호점은 전 세계의 여행자들이 찾아서 항상 북적이므로 베커 거리Bäckerstrasse 6에 있는 2호점으로 가서 편하게 먹는 것이 좋다.

www.figlmueller.at Wollzeile 5 11~22시(월~토요일, 일요일 휴무) €슈니첼 15€ 1-512-7354

Plachuttas Gasthaus Zur Oper
플라후타스 가스트하우스 추어 오퍼

빈Wien에서 슈니첼Schnitzel로 유명한 레스토랑이다. 바삭한 식감과 부드러운 고기가 맛을 풍부하게 하는데 일조를 한다. 슈니첼은 감자와 같이 나오는데 감자로 슈니첼에 묻혀 먹는 맛이 좋다. 유럽에서는 식전에 빵을 주는 데, 대부분은 유료이므로 반드시 물어보는 것이 좋다. 이곳도 2€로 빵을 제공하고 있다.

www.plachutta.at Walfischgasse 5~7 11~24시 30분 1-512-2251

Rosenberger Markt Restaurant
로젠베르게르 마크트 레스토랑

뷔페식 레스토랑으로 원하는 음식을 고르고 나중에 한꺼번에 계산을 하면 된다. 음식을 계산하고 나서 자리로 돌아가 식사를 하면 된다. 뷔페식이지만 고르는 개수에 따라 음식 가격이 상승하므로 반드시 먹고 싶은 음식으로 정해야 한다. 음식 맛은 현지인들은 맛있다고 하는 데, 먹고 나면 느끼함은 어쩔 수 없다.

Maysenergasse 2 10시 30분~23시 €10€~(3개 이상~)

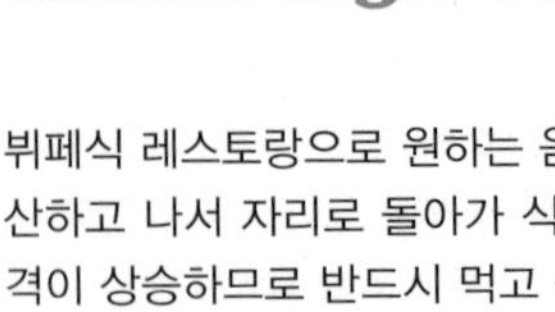
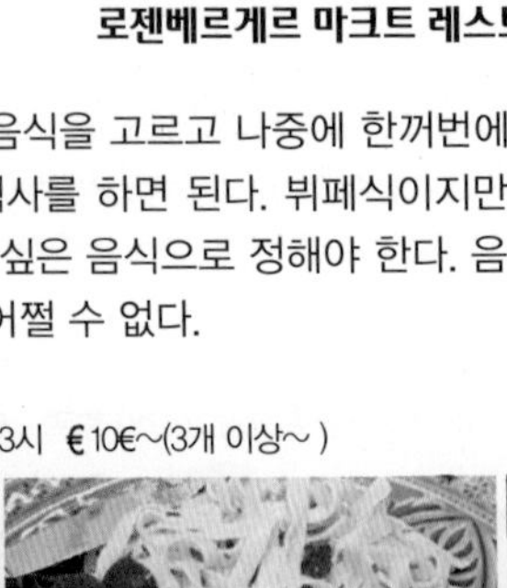
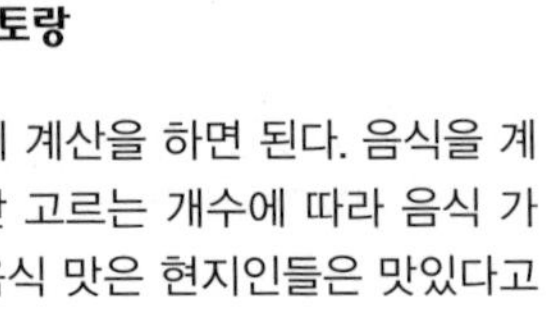

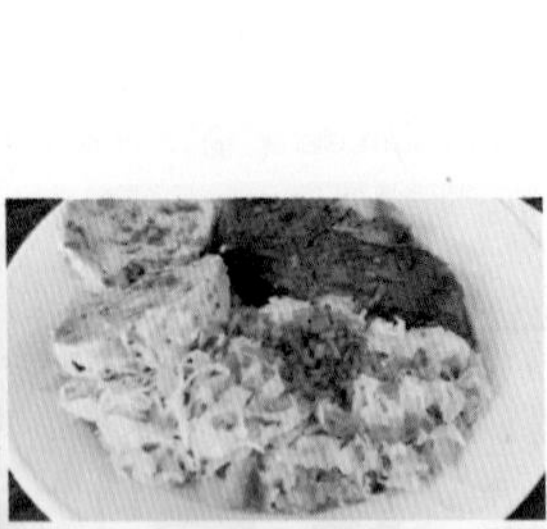

Gosser Bierklinik
괴서 비에르클리크

성 슈테판 대성당에서 가까운 거리에 있는 호프집인데 레스토랑을 같이 겸하고 있어 저녁 식사와 맥주를 동시에 즐기고 싶다면 추천한다. 오스트리아의 대표적인 맥주인 괴서Gosser 맥주를 같이 즐기는 대표적인 곳이다.

Steinolgasse 4 10~23시 30분(월~토요일, 일요일 휴무)

Brewing Company 1516
브루잉 컴퍼니

수제 맥주를 만들어 파는 펍Pub 정도로 생각하면 안 된다. 이곳에서는 라거부터 에일, 스타우트 바이젠, 포터, 페일 맥주까지 거의 모든 맥주를 직접 판매하는 유명한 곳이다. 맥주에 어울리는 칠면조 샌드위치, 단호박, 소시지, 윙, 립 등을 판매한다. 세트 메뉴로 맥주와 간단한 소시지 같은 안주로 묶어서 9€정도의 점심메뉴로 판매하는 데, 많은 관광객들이 찾고 있다.

www.1516brewingcompany.com Schwarzenbergstrasse 2 10시~새벽 2시 1-961-1516

Ofenloch
오펜로흐

빈Wien에서 타펠슈피츠Tafelspitz로 유명한 레스토랑으로 19세기에 유명인들의 모임장소로 유명세를 겪은 곳이다. 단지에 넣은 소고기 요리는 프란츠 요제프 황제가 먹고 싶다고 할 정도로 유명하다. 오스트리아 레스토랑에서 No.1으로 선정되기도 한 레스토랑은 단호박 무스가 같이 곁들여 나온 토끼 요리도 많이 찾는다.

🌐 www.restaurant-ofenbach.at 🏠Kurrentgasse 8 🕒 11시30분~23시(일요일 휴무) 📞1-533-8844

Hinterholz
힌터홀즈

슈테판플라츠 역에서 가까운 힌터홀즈hinterholz는 립, 슈니첼 등을 파는 곳인데 분위기가 중세의 분위기로 시간여행을 떠난 것 같은 곳이다. 립스 오브 비엔나와 닭고기 샐러드와 함께 맥주를 마시는 것도 추천한다. 양념이 마치 통닭 맛이 나기도 하고, 한국인의 입맛에는 짜기도 하니 음료를 많이 먹게 된다.

🌐 www.restaurant-ofenbach.at 🏠Rotenturmstrasse 12 🕒 17~23시(월요일 휴무) 📞1-533-8844

빈의

역사와 낭만이 숨쉬는 카페

프랑스의 카페Cafe처럼 커피하우스Kaffeehaus는 사교적 만남의 장소로, 작업 공간으로 활용했다. 작가들이 커피하우스Kaffeehaus를 자신들의 공간이라고 생각했던 이유는 커피와 공간의 매력을 발견했기 때문이다. 휴식, 담소, 간식, 독서, 여흥, 사업, 구경 등 빈Wien 사람들이 커피하우스를 찾는 이유가 무엇이든 그들은 커피하우스에서 무언가를 얻고 간다. 그래서 오래 머물수록 효과가 더 좋다.

카페 자허(Cafe Sacher)

성 슈테판 대성당에서 가까운 거리에 있는 호프집인데 레스토랑을 같이 겸하고 있어 저녁식사와 맥주를 동시에 즐기고 싶다면 추천한다. 오스트리아의 대표적인 맥주인 괴서Gosser 맥주를 같이 즐기는 대표적인 곳이다.

🌐 Steinolgasse 4 ⊙ 10~23시 30분(월~토요일, 일요일 휴무) 📞 1-5145-6661

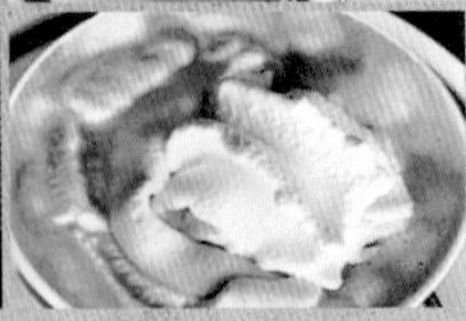

카페 첸트(Cafe Central)

100년이 넘도록 많은 예술가들의 사랑을 받은 카페로 지금도 관광객이 대부분 찾는 장소이다. 유명한 오스트리아 작가인 '페터 알텐베르크Peter Altenberg'는 자신의 집 근처, 커피하우스 주소를 명함에 적었고, 카페 첸트럴Café Central을 본거지로 활용했다. 내부에는 아직도 그를 기리는 인형이 있다. 클림트, 프로이트 등 많은 유명인들이 찾아온 곳으로 미술 지망생일 때 히틀러도 찾아왔다고 한다.

Steinolgasse 4 10~23시 30분(월~토요일, 일요일 휴무) 1-5145-6661

주소_ Herrengrasse / Strauchgeasse **시간_** 7시30분~22시(월~토요일 / 일요일과 공휴일은 10시부터)
전화_ 1 533 3763

카페 하벨카(Cafe Hawelka)

성 슈테판 대성당 남쪽으로 걸어가면 그라벤 거리 왼쪽 골목에 자리한 카페는 1939년에 문을 연 이후, 제2차 세계대전에서 대부분 폐허가 되었지만 이 카페는 온전하여 유명세를 타게 되었다. 어두운 빛깔의 그윽한 멋이 있는 목재로 가득한 실내에 거의 눈에 안 띄는 아르누보풍 장식을 자랑하는 카페로 자두 잼을 넣은 빵인 '부흐텔른 미트 포비들Buchteln mit Powidl'이 제공된다. 밤 10시 오븐에서 나와 따끈할 때는 금세 동이 나기도 한다.

주소_ Dorotheergsse 6 **시간_** 8~22시(월~토요일, 일요일과 공휴일은 10시부터)

카페 데멜(Cafe Demel)

1786년에 문을 연 제과점은 1857년에 데멜 가문이 인수해 현재 200년 전통을 자랑하는 카페로 다양한 케이크를 맛보려는 사람들로 붐빈다. 프란츠 요제프 황제가 좋아한 쿠키, 케이크가 유명하다. 유리문을 통해서 제빵 작업실을 직접 볼 수 있어 더욱 믿음이 간다. 작은 공간에서 커피를 한잔하며 이야기를 나누거나 2층으로 올라가 디저트를 직접 보면서 주문하기도 한다. 자허토르테와 안나토르테는 누구나 주문하는 인기 메뉴이다.

주소_ Kohlmarkt 14 **시간_** 9~19시 **전화_** 1 5351 7170

카페 슈페를(Cafe Sperl)

영화, 비포 선라이즈의 배경으로 나온 카페로 케이크와 페이스트리가 특별한 명물이다. 거의 집안 대대로 내려오는 비법으로 수제로 만들어지는 '슈페를 케이크SperlSchnitte'은 유명하다. 135년째 같은 자리에 있는 커피 하우스로 와인을 즐기면서 대화를 나누고 책을 보며 시간을 보내는 장면을 볼 수 있다. 90년대 중반부터는 영화의 배경으로 고백 장소로 전 세계 관광객이 찾는 장소가 되었다.

주소_ Gumpendorfer Strasse 11 **시간_** 7~23시(월~토요일, 일요일과 공휴일은 11시부터) **전화_** 1 586 4158

오스트리아에서 커피를 주문할 때 알아야 할 커피의 종류

커피이름 앞에 도시의 이름이 붙은 경우가 있을까? 아마 없을 것이다. 그만큼 비엔나커피가 유명해져 붙인 이름이겠지만 빈Wien에는 비엔나커피가 없다. 비엔나커피는 휘핑크림을 얹어 컵에 담아주는 아인슈페너Einspänner를 뜻한다.

멜랑슈(Melange)
모카커피에 같은 양의 거품을 낸 우유를 넣은 것으로 빈Wien에서 가장 인기가 있다.

모카(Mokka)
우유를 넣지 않은 블랙커피로 검은 색이라는 뜻의 Schwarzer이라고도 부른다.

브라우너(Brauner)
모카에 우유를 넣은 밀크 커피를 말한다. 우유나 크림이 작은 그릇에 따로 나오기도 한다.

아인슈페너(Einspänner)
빈Wien의 대표적인 커피로 '비엔나커피'를 이르는 말이기도 하다. 유리잔에 든 모카에 휘핑크림을 얹은 것이다. 한 손 만으로도 운전할 수 있는 마차라는 뜻으로 겨울에 마차를 끄는 마부가 한 손에 커피를 들고 있는 모습을 상상하면 이해할 수 있을 것이다.

마리아 테레지아(Maria Theresia)
오렌지 큐르가 있는 모카에 휘핑크림을 얹어 아몬드 조각을 곁들인 것이다.

튀르킷슈(Türkisch)
터키스타일의 커피로 커피를 듬뿍 넣고 졸인 것 같은 커피로 매우 진한 맛이 특징이다.

South of Ringstrasse
링 도로 남부

링도로 남부South of Ringstrasse에는 벨베데레 궁전으로 대표되는 지역으로 녹지가 많고 음악과 미술이 꽃피운 장소이다. 최근에는 나슈마르크트 주변의 카페나 레스토랑들이 관광객을 끌어모으고 있다.

카를 교회
Karlskireche

바로크 양식의 독특한 이 교회는 중세 유럽을 휩쓸었던 페스트의 공포에서 벗어났던 1739년 카를 6세에 의해 완성된 교회이다. 중앙의 돔은 바티카느이 성 베드로 성당에서 건물 앞 두 개의 원기둥은 트리야누스 기념비를 본 떠서 만든 것이다. 돔과 두 개의 기둥, 흰색과 하늘색의 돔이 절묘한 조화를 이루면서 묘한 매력을 발산하고 있다. 내부의 화려한 프레스코화가 인상적이다.

카를 광장에서 출발해 각 건축 요소들이 빼어나게 조화를 이루고 있는 광경에 놀라게 된다. 빈 스타일의 바로크식 돔과 탑들이 그리스 식 현관, 로마네스크식 기둥과 조화를 이루고 있다. 다양한 시각적 요소를 갖춘 성당은 웅장한 돔 아래에 훌륭한 프레스코화와 제단이 있고 안에는 작은 박물관도 있다.

1713년에 신성로마제국의 황제 카를 6세는 당시 급속도로 퍼지던 전염병으로부터 구원받는다면, 그와 이름이 같은 수호성인 카를 보로메오에게 성당을 헌정키로 맹세했다. 전염병은 빈을 떠났고, 몇 년 후 건축가 피셔 폰 에어라흐의 지휘 아래 성당의 건축이 시작되었다. 피셔 폰 에어라흐가 죽자 그의 아들이 1739년에 건축을 마무리했다. 다양한 건축양식이 어우러진 모습은 지금 봐도 인상적이다.

72m 높이의 구리 돔은 빈의 스카이라인에 인상적인 실루엣을 더하지만 카를 성당의 백미는 가까이 다가가서 다양한 건축양식들이 조화를 이루는 모습을 볼 수 있다. 작은 바로크식 지붕으로 덮인 로마네스크식의 높은 기둥을 올려다보고, 성 카를 보로메오의 삶을 재현해놓은 조각 작품들을 보자. 헨리 무어가 만든 조각상이 교회 앞쪽에 있다.

안으로 들어가 매끄럽게 다듬고 색칠한 수없이 많은 장식들로 뒤덮인 거대한 대리석 벽과 기둥을 보고 나서, 파노라마 리프트를 타고 돔으로 올라간 다음, 계단을 올라가 프레스코화를 볼 수 있다.
성당에는 매주 토요일 저녁 고악기로 모차르트의 진혼곡을 연주하는 정기 공연이 열린다.

🌐 www.karlskirche.at 🏠 Kreuzherrengasse 1(U 1, 2, 4호선을 타고 Karlsplatz역 하차)
🕘 9~18시(일요일, 공휴일 12~19시) €9€(학생 5€ / 10세 이하 무료) 📞 01-504-6187

슈바르첸베르크 광장
Schwarzenbergplatz

빈 도심에 위치한 슈바르첸베르크 광장에는 빈Wien 전투에서 전사한 러시아 군인들을 기리는 제2차 세계대전 기념비가 우뚝 서 있다. 소비에트 전쟁 기념비는 1945년 빈Wien 전투 당시 나치에 맞서 싸우다 목숨을 잃은 러시아 군인들을 추모하기 위해 바쳐졌다. 기념비는 도시 중앙의 슈바르첸베르크 광장, 호흐슈트랄 분수 바로 옆에 솟아 있다.

높다란 기둥 위에 서 있는 12m의 러시아 군인 동상은 한 손에는 빛나는 방패를 들고 머리에는 반짝이는 헬멧을 쓰고 있다. 적군의 영웅 기념비라고도 불리는 소비에트 전쟁 기념비는 빈 전투에서 나치에 대항하여 싸우다 목숨을 잃은 17,000명의 러시아 군인들을 기리기 위해 1945년에 제작됐다. 1945년 4월, 2주간의 치열한 전투 끝에 수년에 걸친 나치의 점령이 막을 내렸다.

기념비의 규모가 크기 때문에 전체적인 모습을 보면 위풍당당한 모습으로 서 있는 군인상은 한 손에는 소비에트 기를, 다른 한 손에는 황금 방패를 들고 있다. 번화가인 슈바르첸베르크 광장은 교통 체증에 시달리는 경우가 많아, 소비에트 전쟁 기념비까지 도보로 이동하려면 시간이 좀 걸린다.
기념비에 가까이 다가가서 주추 발치에 새겨진 글씨에는 시인 세르게이 미할코프는 파시즘의 공포로부터 빈을 지킨 군인들을 찬양했다. "오스트리아를 파시즘으로부터 해방시키기 위해 목숨을 바친 소비에트의 군인들을 기리며..." 기념비는 반원형 흰색 대리석 주랑으로 둘러싸여 있으며, 근처에는 개선문을 볼 수 있다. 주랑 상부의 금빛 글씨가 장엄함을 더한다.

🏠 슈바르첸베르크 광장 역 하차, 인근의 칼스 광장이나 렌베그에서 도보로 이동

나슈마르크트 시장

Naschmarkt

빈Vien에서 가장 크고 오래되었으며 사람들에게 인기 있는 나슈마르크트 시장Naschmarkt을 방문하면 식품 카트나 바에서 신선한 농산물과 군침을 돌게 하는 간식거리를 맛볼 수 있다. 나슈마르크트Naschmarkt는 빈 차일러(빈 로)에 자리 잡고 있으며 약 1.5㎞ 정도를 뻗어 있다. 사람들은 이 인기 있는 나슈마르크트Naschmarkt를 "빈의 식탁"이라고 부르는데, 전통 시장은 모두 음식으로 가득하기 때문이다.

식품 판매대를 지나 걸어가면 지역에서 구워낸 빵이나 직접 기른 과일과 채소, 화학 비료를 먹이지 않은 고기, 치즈를 맛볼 수 있다. 식품 직판장 중 한 곳을 골라 허기진 배를 달래 보는 것도 좋다. 오스트리아의 전통 요리나 세계 각국의 요리를 튀긴 스낵 등과 맛있게 요리된 델리 음식과 함께 즐겨보는 것을 추천한다.

간략한 시장의 역사

나슈마르크트 시장(Naschmarkt)은 16세기 중반 나무 양동이에 우유를 담아 팔던 시장으로 시작해서 지금의 모습을 갖추기에 이르렀다. 18세기 말에 다다르면서 지역 농부들이 자신의 농작물을 가져와 팔기 시작했다. 1916년까지 120여 곳이 넘는 식품 판매대가 지어져 빈에서 가장 큰 전통 시장으로 자리매김하게 되었다.

🌐 Naschmarkt, Vienna (Karlsplatz역 하차 후 도보 5분, U-Bahn Kettenbrückengasse역 하차)

🕒 6~19시 30분 (레스토랑, 카페는 10시정도에 오픈 / 일요일 휴무)

지역 사람들이 판매대를 따라 걸으면서 신선한 과일과 채소를 고르는 모습을 엿보고, 계절에 수확한 맛있고 신선한 농작물을 저렴한 가격에 얻을 수 있을 것이다. 나슈마르크트 시장을 돌아다니면 이국적인 허브와 향신료의 향기도 맡을 수 있는데, 이는 바로 큰 규모의 터키와 중동 상인들도 시장에 합류했기 때문이다.

주말 벼룩시장

중고용품이나 중고 책, 골동품을 좋아한다면 나슈마르크트에서 토요일 아침마다 열리는 대규모 벼룩시장을 방문해 보자. 학생과 골동품 수집가들, 호기심 많은 여행객들과 한데 섞여 좋은 물건을 발견하는 재미가 쏠쏠하다.

시장의 대표적 맛집

델리(Deli)

나슈마크르트 시장에서 가장 유명한 카페이다. 아침 일찍부터 밤 24시까지 문을 열기 때문에 언제나 쉽게 먹을 수 있는 장점이 있다. 램 찹, 비프 스테이크, 치킨 버거 등의 간단한 음식을 맥주와 함께 마시는 풍경을 볼 수 있지만 스테이크와 와인도 상당히 맛이 좋다.

▶홈페이지_ www.naschmarkt-deli.at
▶주소_ Naschmarkt Stand 421~436, Linke Viennazeile
▶시간_ 7~24시 ▶전화_ 01-585-0823

우마피쉬(Umarfisch)

2004년부터 해산물 레스토랑으로 나슈마크르트 시장에서 돌풍을 일으킨 레스토랑이다. 신선한 해산물은 이탈리아나 그리스에서 공수해 온다고 한다. 상당히 깔끔한 내부 인테리어에 친절한 서비스까지 데이트 코스로도 인기가 있다. 해산물 샐러드와 와인이 저녁식사의 분위기를 좋게 만들어 준다.

▶홈페이지_ www.umarfisch.at
▶주소_ Naschmarkt 76~79, 1040
▶시간_ 11~23시 ▶전화_ 01-587-0456

집중탐구

빈의 색다른 미술관

빈 분리파 미술관(Wiener Secession)

기존 미술계의 구속이 너무 심하다는 이유로 한 무리의 예술가들이 빈 예술협회로부터 탈퇴를 선언했다. 이들은 인생은 예술이고 예술은 곧 자유라고 주장하며 새로운 예술협회를 만들었고 곧 분리파Secession라고 불리게 된다. 제1차 세계대전을 겪으며 오스트리아-헝가리 제국의 마지막을 지켜보게 된 빈의 화가들은 시대적 불안 속에서 몽상과 꿈의 세계를 통해 안식을 얻었다.

당시 유럽을 휩쓴 아르누보나 유겐트스틸 등의 흐름에서 뒤처져 있는 빈의 고립을 떨쳐버리기 위해 노력했던 이들은 몽화적인 표현, 글자와 그림을 결합한 새로운 그래픽 디자인 실험 등을 전개하며 활발히 활동했다.

1898년 요제프 마리아 올브리히Josef Maria Olbrich는 이 새로운 협회를 위해 아르누보 양식의 건물을 세웠다. 분리파가 주장했던 좌우명은 아직도 미술관 정문을 장식하고 있다. 이 미

술관은 기능성과 경제성을 강조하면서 그 당시 주류를 이룬 형식주의를 반대하는 상징으로 자리 잡게 된다.

이 미술관의 상징이 된 것은 화려하게 도금된 돔 모형의 조형물이다. 25년이라는 짧은 기간 동안 빈의 예술을 강력하게 주도했던 분리파의 성지라 할 수 있는 이곳에서 가장 돋보이는 작품은 클림트의 베토벤 프리즈이다. 1902년 제 4회 빈 분리파 전시회를 맞이하여 제작된 길이 34m짜리 벽화로 베토벤 심포니 9번을 기호로 구성했다고 한다. 전람회가 끝난 후 철거되어서 8개 조각으로 나뉘어 있던 것을 1973년 오스트리아 정부가 구입해 이 미술관에서 전시하고 있다.

🌐 www.secession.at 🏠 Friedrichstraße 12(Ⓤ-1, 2, 4 Karlsplatz 역 하차)
🕒 10~18시(월요일 휴무, 5/1, 11/1, 12/25) € 10€ 📞 +43-1-587-5307

현대미술관(Museum Modemer Kunst Stiftung Ludwig)

18세기부터 빈 분리파들은 새로운 미술을 선보일 수 있는 현대미술관 설립을 주장했지만 별다른 대안이 나오지 않았다. 그러다가 슈바이처 정원 안에 20세기 하우스가 만들어지면서 현대미술관이 생겨났고, 1979년 빈에서 가장 화려한 건축물로 손꼽히는 리히텐슈타인 궁에 연방 현대미술관이 만들어지면서 이 두 건물을 합쳐 빈Wien의 현대미술관으로 통합되었다.

빈Wien은 다른 도시들보다 조금 늦게 현대 미술관이 세워졌지만 그 규모나 수준은 결코 뒤지지 않는다. 사실주의, 초현실주의, 사진작품, 설치미술, 행위예술 등 거의 모든 분야에 있어 다양한 작품을 소개, 전시하고 있다. 리히텐슈타인 궁에서는 널리 알려진 모더니즘 작가인 피카소, 마그리트, 미로, 칸딘스키의 작품과 전후 세대의 폴록, 워홀, 바셀리츠 같은 작가를 만날 수 있다. 20세기 하우스에서는 1950년 이후부터 현재에 이르는 구상미술과 미니멀리즘 미술, 설치미술 작품을 볼 수 있다.

도날드 주디, 솔 르윗, 마리오 멜츠, 리처드 세라 등의 특별전은 물론 오스트리아 현대 작가를 소개하는 전시회가 마련된다. 20세기 하우스에는 넓은 조각 공원이 있는데, 헨리 무어나 알베르토 자코메티, 프리츠 우트루바, 요셉 보이스의 작품이 있다.

🌐 www.mumck.at 🏠 Museumplatz 1(Ⓤ-3 Volkstheater 또는 Ⓤ-2 MuseumsQuartier 역 하차)
🕒 10~19시(화~일요일 / 목요일은 21시까지, 월요일은 14시부터)
€ 3€(학생 8€, 19세 이하 무료 / 레오폴드 통합권 22€) 📞 +43-1-525-000

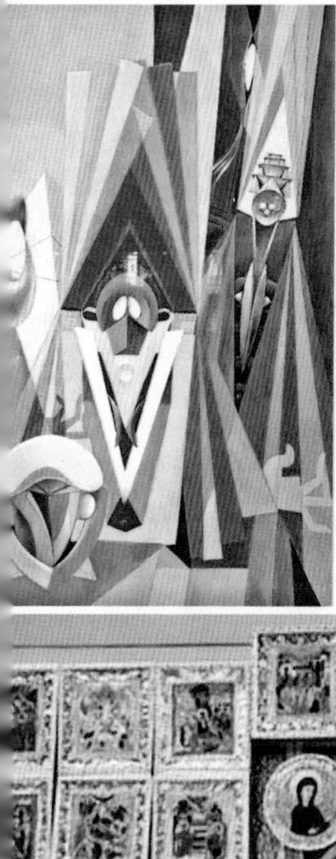

쿤스트하우스 빈 VS 훈데르트바서 하우스
(Kunsthaus Wien VS Hundertwasser Haus)

마치 꿈을 꾸듯 독특한 세계를 건축과 그림을 통해 마음껏 펼쳤던 빈Wien 출신의 화가 훈데르트바서Hundertwasser가 가구 공장을 개조해 1991년 자신의 작품을 보관하고 전시하는 공간으로 만들었다. 직선과 직각으로 대표되는 오늘날의 획일적인 건축물을 놀리기라도 하듯 구불거리는 곡선과 화려한 색상이 그 자체로 아름다운 미술품으로 탄생되었다.

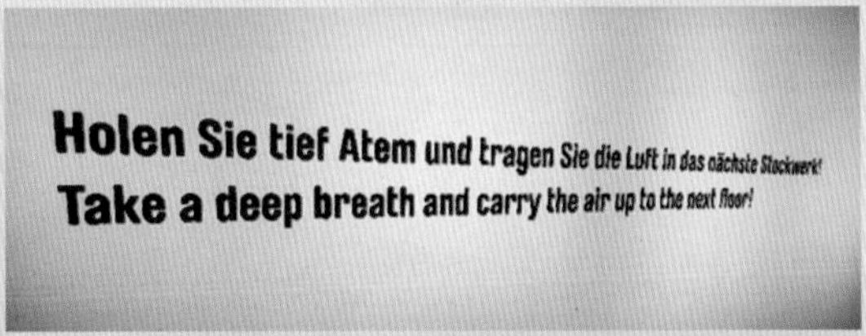

역사가 짧은 미술관이지만 독특한 기획으로 많은 사람들을 불러 모으고 있는데 2, 3층에는 훈더트바서Hundertwasser의 대표작을 전시하며 비디오를 통해 그의 생활 모습을 지켜볼 수도 있다. 빈은 물론 오스트리아 곳곳에서 볼 수 있는 그의 독특한 건축물을 모형으로 감상할 수도 있으며 4, 5층은 현대 미술이나 사진 분야에 있어 자신만의 세계를 구축한 작가들을 소개하는 공간이다.

www.kunthauswien.com Untere Weißerberstraße 13(Ⓤ-3 Wien Mitte 역 하차)
10~18시 € 13€(11~18세 6€ 10세이하 무료 / 훈데르트바시 박물관과 콤비 디켓) +43-1-712-0491

훈데르트바서 하우스(Hundertwasserhaus)

쿤스트하우스 빈에서 5분 거리에 다양한 색채로 둘러싸인 독특한 분위기의 훈데르트바서 하우스(Hundertwasser Haus)가 있다. 1985년 훈데르트바서(Hundertwasser)가 빈(Wien) 시와 함께 지은 집합적인 주택으로 아파트 같이 보이기도 한다. 어린이를 위한 놀이방, 지붕 정원, 파티를 위한 윈터 가든이 있다. 내부는 비공개이기 때문에 볼 수 없다.

훈데르트바서(Hundertwasser)는 도시의 건조한 건축물에 생명을 불어넣어 도시에서 인간이 자연과 공존하는 공간으로 바꾸는 치료의 역할을 강조하는 건축가였다. 그래서 스페인에 가우디(Gaudi)가 있다면 오스트리아에는 훈데르트바서(Hundertwasser)가 있다고 말한다. 가우디처럼 강렬한 색채와 직선이 아닌 나선의 형태로 인간과 자연의 공존이 중요하다고 하면서 환경운동에도 적극적으로 참여한 것으로 유명하다. 그의 건축물에는 훈데르트바서 하우스, 쿤스트하우스 빈, 슈피텔라우 쓰레기 소각장이 있다.

빈의
주변 마을

그린칭(Grinzing)

빈Wien 북동쪽 6㎞지점에 있는 아담하고 작은 마을 그린칭은 호이리케 의 본고장으로 유명하다. '호이리케'란 그해 새로 만든 와인을 뜻하는 말인데, 오늘날은 선술집을 부르는 말로 쓰인다. 그린칭은 200년 전부터 포도주를 생산해 왔고 지금은 와인을 파는 선술집들이 즐비하게 늘어서 있다. 아름다운 교회와 몇 백 년은 되어 보이는 건물에 낡은 '술집'의 간판이 정감 있게 다가온다. 음악을 들으며 와인 한 잔과 뷔페식 식사를 하는 즐거움, 그린칭에서만 못볼 수 있는 정취이다.

이동방법

U6를 타서 누브도르퍼 스트르Nubdorfer str에서 하차한 후 38번 트램을 타고 종점인 그린칭Grinzing에서 내리면 된다.

하일리겐슈타트(Heiligenstadt)

칼렌베르크 언덕 기슭의 포토밭에 둘러싸인 작은 마을로 그린칭에서 북쪽으로 5㎞정도 떨어져 있다. 이곳에는 베토벤이 살던 집이 그대로 남아 있으며 그가 귓병 악화로 절망한 끝

에 유서를 썼던 곳도 바로 이곳이다. 그가 교향곡 '전원'의 악상을 떠올리며 산책했던 슈라이바흐 강가의 오솔길에는 베토벤 기념 흉상이 있다.

이동 방법

Ⓤ 4호선 종점 하일리겐슈타트Heiligenstadt에서 트램D로 갈아타고 베토벤강 Beethovengana하차

바덴(Baden)

빈Wien에서 남서쪽으로 25㎞떨어진 헬렌 계곡에 위치해 있다. 2000년 전 로마인들이 온천으로 개발한 이후 오랫동안 많은 음악가와 귀족들로부터 사랑을 받아온 곳이다. 온통 숲과 포도밭으로 둘러싸인 경치가 매력적으로 모차르트, 베토벤, 요한 스트라우스도 이곳을 자주 찾아서 작곡활동을 하곤 했다.
베토벤이 9번 교향곡의 악상을 떠올렸던 베토벤 하우스Beethoven Haus는 현재 그의 기념관으로 사용되고 있다. 이밖에 모차르트가 '아베베룸'을 작곡한 집 모차르트 호프Mozart Hof와 프란츠 요제프 황제 박물관 등이 남아 있다.

이동 방법

빈Wien에서 S 1, 2를 타고 바덴Baden역에서 하차

Salzburg
잘츠부르크

잘츠부르크

SALZBURG

잘자흐(Salzach) 강 서안에 자리한 잘츠부르크에서는 잘츠부르크 성당(Salzburg Cathedral)과 모차르트 광장(Mozart Platz)을 비롯한 유서 깊은 명소들을 직접 볼 수 있다. 위풍당당한 레지던스 광장(Residencz Platz)을 굽어보며 서 있는 레지던스 성(Residencs Castle)은 1500년대에 잘츠부르크의 군주들이 기거하던 곳이다.

화려한 건물을 방문하여 렘브란트를 비롯한 유럽 거장들의 작품과 커다란 홀을 둘러보자. 중세의 거리 게트라이데 레인(Getreidegasse Rain)을 거닐며 모차르트 생가(Mozart Geburtshaus)를 방문하는 것도 좋은 경험이다. 올드 타운 옆으로는 묀히스베르크 산이 자리하고 있다. 케이블카를 타고 꼭대기에 올라 유럽에서도 손꼽히는 호헨 잘츠부르그 성(Festung Hohensalzburg)을 방문해 둘러보자.

About

잘츠부르크

인구 15만 명이 사는 오스트리아의 작은 도시 잘츠부르크는 여행자들에게는 참 매력적인 도시이다. 잘츠부르크Salzburg는 '소금의 성Salz Berg'라는 뜻에서 유래되었다. 예전 소금이 귀하던 시절에는 소금이 많이 나는 것도 대단한 자랑거리였을 거라고 추측한다.

영화 팬들에게는 뮤지컬 영화 '사운드 오브 뮤직'을 떠올리게 한다. 중세의 골목길과 위풍당당한 성들이 아름다운 산으로 둘러싸여 있는 오스트리아의 이 도시는 모차르트와 영화 〈사운드 오브 뮤직〉의 고향이기도 하다.

잘츠부르크를 찾은 여행자들은 모차르트의 흔적을 찾아보거나 영화 사운드 오브 뮤직의 배경이 되었던 곳을 하나하나 찾아다니는 것만 해도 잘츠부르크 탐험이 흥미로운 것이다.

세계 클래식 음악 팬들에게는 음악의 신동 모차르트를 기억하게 한다. 잘츠부르크는 모차르트의 고향이라는 유명세와 함께 매년 여름마다 유럽 최대의 음악제인 '잘츠부르크 음악 페스티벌'이 열려 수많은 고전음악 팬들이 찾는 명실상부한 음악의 도시이다.

잘츠부르크의 올드 타운은 세계문화유산으로서, 건물의 신축이 엄격하게 제한되어 있다. 아름다운 잘자흐 강 유역에 자리한 잘츠부르크는 중세의 건축물과 음악 축제, 수준 높은 요리를 자랑한다. 크루즈를 타고 강 위에서 도시의 지형을 보고 야외 시장인 잘자흐 갤러리가 서는 주말에는 강변을 산책하며 시장 구경에 나서 보자.

잘츠부르크여행 전 알면 좋은 상식

사운드 오브 뮤직

클래식에 별다른 관심이 없는 여행자들은 영화 '사운드 오브 뮤직'의 잔잔한 감동을 떠올리며 주저 없이 배낭을 짊어지고 이곳 잘츠부르크로 떠나보자. 영화 '로마의 휴일'이 고대 도시 로마를 낭만적인 곳으로 만들어 놓았듯이, 뮤지컬 영화 '사운드 오브 뮤직'은 잘츠부르크를 가장 전원적인 아름다움을 가진 도시로 기억하게 한다.

영화 '사운드 오브 뮤직'은 잘츠부르크 시내와 근교 잘츠감머구트를 배경으로 그림 같은 오스트리아 자연의 아름다움을 영상으로 보여 주며 아름다운 화음과 함께 영화 팬들의 감동을 자아낸다.

1959년 브로드웨이의 1,443회 장기 공연 기록을 세운 뮤지컬을 영화로 만든 것이다. 잘츠부르크를 배경으로 한 아름다운 영상미와 영화 음악 등으로 세계인의 사랑을 받은 뮤지컬 영화의 고전이다. 잘츠부르크에 가기 전에 꼭 볼만한 영화이다. 수련 수녀 마리아는 부인과 사별하고 7명의 아이들이 살고 있는 예비역 대령 폰 트랩의 집에 가정교사로 들어간다.
마리아는 군대식의 엄격한 교육을 받은 아이들에게 아름답고 즐거운 노래를 가르쳐주고 아름다운 자연을 느끼게 해줌으로써 아이들의 명랑함을 되찾아 준다. 남작 부인과 결혼하려던 트랩 대령은 마리아에 대한 사랑을 깨닫고 마리아와 결혼한다. 제2차 세계대전이 발생으로 오스트리아가 독일에 합병되자 폰 트랩 일가는 가족합창단을 만들어 오스트리아를 탈출한다. 1965년 아카데미 작품, 감독, 편곡, 편집, 녹음 등 5개 부문을 수상하였다.

모차르트의 발자취를 찾아서

모차르트는 잘츠부르크와 빈을 오가며 음악을 작곡하거나 오페라를 지휘하는 등 다양한 음악 활동을 벌였다. 지금도 그곳에 가면 모차르트가 남긴 흔적들과 모차르트를 사랑하는 사람들을 만날 수 있다.

잘츠부르크

모차르트가 태어난 잘츠부르크는 우리말로 '소금의 성'이란 뜻이다. 잘츠부르크의 산자락에는 소금기를 가득 품은 동굴과 바위들이 모여 있기 때문이다. 바위에서 니오는 소금을 긁어모아 상사를 해 온 잘츠부르크는 옛날부터 부자도시로 유명했다. 그러나 요즘은 모차르트의 고향으로 더 유명해서 해마다 많은 사람들이 찾아온다.

모차르트의 생가

모차르트가 태어난 집으로, 지금은 박물관으로 사용되고 있다. 이곳에는 모차르트가 사용했던 책상, 피아노 같은 물건들과 그가 쓴 악보와 편지도 전시되어 있다. 벽에는 모차르트가 했을지도 모를 낙서도 남아 있다.

대성당

1756년, 아기 모차르트가 세례를 받았던 곳이다. 모차르트는 이 성당의 미사에도 참석하고 오르간도 피아노도 연주했다. 지금도 잘츠부르크 음악제에서 가장 의미 있는 작품은 바로 대성당 계단에서 공연된다.

모차르트 하우스

모차르트가 1773년부터 1780년까지 살았던 집이다. 청년 모차르트는 이 집에서 많은 협주곡과 교향곡을 작곡했다.

모차르트 초콜릿과 사탕

잘츠부르크에 있는 기념품 가게 어디에서나 모차르트의 얼굴이 그려져 있는 달콤한 초콜릿과 사탕을 쉽게 찾아볼 수 있다.

잘츠부르크 음악제

1920년에 시작된 이래, 매년 7월에서 8월 사이에 잘츠부르크에서 열리는 음악제이다. 이때에는 대성당이나 축제 극장, 모차르테움 대 공연장은 물론이고, 작은 성당이나 학교에서도 모차르트의 음악들을 연주하며 위대한 음악가 모차르트를 기린다.

About 모차르트

편지 속에 담겨 있는 모차르트의 생각과 삶

모차르트는 가족들과 떨어져 있을 때면 늘 편지를 주고받으며 연락을 했다. 모차르트와 가족들이 주고받은 편지들 속에는 모차르트가 어떤 생각을 갖고 있었는지, 어떤 성찰을 했는지 잘 드러나 있다.

저는 작곡가이며 궁정 악장이 될 사람입니다.

빈에 머물며 궁정에서 일할 기회를 찾던 모차르트에게 아버지는 피아노 교습이라도 해서 돈을 벌어야 한다는 편지를 보냈다. 하지만 모차르트는 자신의 재능을 그렇게 낭비하고 싶지 않았다.

모차르트는 자신을 연주자이기보다는 작곡가로 높이 평가했고, 자기 자신의 재능을 잘 파악하고 있었다. 하지만 모차르트는 자기의 음악을 인정하지 않는 사람들 때문에 늘 고통받아야 했다.

모차르트가 '아빠'라고 부른 또 한 사람

하이든

모차르트는 교향곡의 아버지라 불리는 위대한 음악가 하이든을 '아빠'라고 부르곤 했다. 하이든은 모차르트의 음악성을 가장 빨리 가장 정확히 알아본 사람으로, '내가 아는 음악가 중에 가장 위대한 천재 모차르트의 작곡은 그 누구도 맞설 수 없을 것'이라고 평가했다.

모차르트보다 스물네 살이나 많았던 하이든은 모차르트와 음악에 대한 생각들을 나누기 좋아했고, 이들의 우정은 모차르트가 죽을 때까지 계속되었다.

악기를 알아야 연주도 잘한다.

모차르트는 어렸을 때부터 악기에도 관심이 아주 많았다. 당시는 여러 악기의 발전이나 새로운 악기의 발명이 이루어지던 때라 더욱 그럴 수 있었다. 특히 피아노는 클라비코드엣 하프시코드, 피아노포르테, 피아노로 이어지며 발전하였는데 이는 모차르트의 작곡에도 큰 역할을 했다.

피아노는 평생 동안 모차르트 음악 활동의 중심이 된 악기로, 모차르트는 뛰어난 피아노 독주곡과 협주곡을 수없이 작곡했다. 그래서 모차르트는 자기가 작곡한 곡들의 완벽한 연주를 위해 피아노 공장에 직접 편지를 보내서 자신이 원하는 피아노를 만들어 달라고 부탁할 정도였다.

아빠 모차르트

모차르트 부부는 1783년 6월, 빈에서 첫아기 라이문트를 낳았다. 그런데 아기를 유모에게 맡겨 두고 아버지를 만나러 잘츠부르크에 다녀온 사이에 아기가 그만 병에 걸려 죽고 말았다. 첫아기를 잃은 뒤 모차르트 부부는 몇 명의 아기를 더 낳았지만, 카를과 프란츠 두 아들만 살아남았다. 아버지 모차르트는 아주 자상하게 아이들을 돌봤다. 아내 콘스탄체가 아이들을 데리고 요양을 갈 때면 모차르트는 아이들의 약을 손수 챙길 만큼 다정한 아빠였다고 한다.

도둑맞을 뻔한 진혼 미사곡

모차르트가 죽는 순간까지 매달렸던 진혼 미사곡은 발제크 백작이 모차르트에게 부탁한 곡이었다. 백작은 죽은 아내를 위해 진혼 미사곡을 직접 작곡하고 싶었지만, 재능이 없어서 곡을 만들지 못했다. 그래서 아무도 모르게 모차르트에게만 부탁하고 자신의 이름으로 그 곡을 발표했다. 그러나 나중에 사실이 알려지면서 작곡자가 바뀌었고, 모차르트가 완성하지 못한 부분을 모차르트의 제자였던 쥐스마이어가 마무리 지었음이 밝혀졌다.

중앙기차역 & 버스터미널
잘차흐강
미라벨정원
모차르테움
마카르트 광장
마리오네트 극장
스타인호텔 프리미엄
잘츠부르크 가블러브로이
유람선 선착장
마카르트다리
카라얀 생가
묀히스베르크
엘리베이터
안드레아스 호처 바인스투베
블라우에 간스
모차르트 생가
시청
카르페 디엠
게트라이데 거리
카페 토마셀리
모차르트 다리
헤르츨
보스나 그릴
카페 퓌르스트
잘차흐강
대학 성당
레지던스 광장
잘츠부르크 박물관
대축전극장
돔광장
돔콰르티에 잘츠부르크
장크트 페터 슈티프트켈러
카피텔 광장
잘츠부르크 대성당
성 베드로 수도원&묘지
논베르크슈티게
페스퉁반
스티글켈러
논베르크 수도원
논베르크 수도원
스티글 양조장 & 맥주박물관

한눈에

잘츠부르크 파악하기

잘츠부르크를 보는 데는 하루면 충분하다. 대부분의 볼거리가 모두 구시가에 몰려 있어서 천천히 걸어서 보면 된다. 역에서 나오자마자 왼쪽으로 라이너Reinerstrasse를 따라 1㎞ 정도 걸어가면 미라벨 정원이 나온다. 미라벨 정원에서 호엔 잘츠부르크 성이 보이는 쪽으로 조금 걸어가면 잘차흐 강이 보인다.

그 강을 건너면 바로 구시가로 연결된다. 이곳은 차가 다닐 수 없는 좁고 복잡한 거리로 모차르트 생가 → 레지던츠 → 대성당 → 성 페터 교회 → 축제극장 → 호엔 잘츠부르크 성 순서로 돌아보면 된다. 구시가의 볼거리는 모두 인근에 있기 때문에 돌아보는데 많은 시간이 걸리지 않는다.

잘츠부르크
핵심 도보 여행

잘츠부르크 중앙역에 도착하면 역 정면으로 보이는 골목에는 잘츠감머구트로 떠나는 버스 정류장과 렌트카 회사 등이 들어서 있다. 충분히 걸어 다니며 구경할 만큼 작은 도시이지만 다른 도시들과 마찬가지로 처음 방향을 잘못 잡으면 헤매게 된다. 잘츠부르크는 잘차흐 강이 시내를 가로지르며 구시가지와 신시가지로 나누고 있으며 여행자들의 볼거리는 대부분 역 뒤쪽에 몰려 있다.

조금 걷다 보면 왼쪽으로 굴다리가 보이는데, 그 굴다리를 통과해 역 뒤쪽으로 가면 방향을 제대로 잡은 것이다. 잘츠부르크를 여유있게 보고자 하는 여행자는 역 뒤 마을에 자리잡고 있는 곳에 숙소를 정하는 것으로 여행을 시작하면 된다.

사운드 오브 뮤직에서 가정교사로 온 주인공 마리아가 대령의 아이들과 함께 ‘도레미 송’을 함께 불렀던 미라벨 정원‘으로 먼저 가보자. 비스듬히 직진해 나오면 어렵지 않게 미라벨 정원을 찾을 수 있다. 잘츠부르크 시민들에게는 휴식 공간역할을 톡톡히 해내는 아름다운 미라벨 정원 안에는 청년 시절 모차르트가 대주교에 소속되어 연주 활동을 했다는 바로크 양식의 미라벨 궁전이 보이고 저 멀리 ’호엔 잘츠부르크 성‘도 보인다.

브루논 발터가 지휘하고 콜롬비아 교향악단 연주로 1954년 녹음한 LP음반인 '미라벨 궁 정원에서 'In The Gardens of Mirabell'의 재킷 사진은 호엔 잘츠부르크 성을 뒷배경으로 두고는 미라벨 공원 모습 그대로를 찍은 것이다.

햇볕 좋은 정원 벤치에 앉아 책 읽기에 몰두해 있는 여성, 눈을 동그랗게 뜨고 스케치를 하는 소녀, 야외 촬영을 하는 예비부부의 모습 등 아름다운 미라벨 정원과 어울리는 여유 있고 낭만적인 모습들이다.

정원을 뛰어다니며 노는 아이들을 구슬려 노래를 시키면 대령의 말괄량이 아이들처럼 '도레미 송'을 귀엽게 불러 줄 것만 같다. 미라벨 정원을 천천히 걸으면서 구경하고 나오면 멀지 않은 곳에 세계적인 음악원이며 모차르트 재단이 들어선 모차르테움Mozarteum이 보인다. 오페라 '마적'을 작곡했던 오두막집을 비엔나에서 그대로 옮겨다가 보존하고 있는 이곳에서는 모차르트의 많은 자필 악보들을 볼 수 있다. 그 옆에 세계적으로 유명한 인형극장인 마리오네트 극장도 보인다.
다시 강가 쪽으로 조금 가다 보면 모차르트의 집Mozarts Wohnhaus을 만난다. 잘츠부르크에는 모차르트가 살던 집이 몇 곳 있는데, 이곳은 이사를 자주 다녔던 모차르트가 17세 때부터 빈으로 떠나기 전까지 살았던 곳이다. 잘츠부르크의 궁정 음악가였던 모차르트는 25세 때 그의 음악을 제대로 인정해 주지 않았던 이곳 대주교와의 불화로 빈Wien으로 버려지듯 쫓겨 간다.

미라벨 정원
Mirabellgarten

기차역에서 걸어가면 가장 먼저 만나게 되는 볼거리가 미라벨 정원Mirabellgarten이다. 이곳은 '사운드 오브 뮤직'을 본 사람들은 그리 낯설지 않을 곳으로 마리아가 아이들과 함께 '도레미 송'을 부르던 곳이다. 아름다운 꽃과 분수, 조각상, 잔디로 장식된 정원 자체도 멋지지만 여기서 바라보는 잘츠부르크 성의 전망은 압권이다. 일단 잘츠부르크 성Festung Hohensalzburg을 배경으로 사진을 한 컷 찍은 다음에 돌아보도록 하자.

정원 내에 있는 미라벨 정원은 17세기 초 디트리히 대주교가 연인인 살로메 알트Slome Alt를 위해 세운 것인데, 후에 마르쿠스 시티쿠스 대주교가 미라벨 정원Mirabellgarten으로 바꾸었다. 궁전 안의 대리석 홀은 모차르트가 대주교를 위해 연주했던 곳으로 지금은 실내악콘서트 홀로 쓰이고 있다.

1690년 요한 피셔 폰 에를라흐Johann Fischer von Erlach가 디자인하였지만 1730년, 요한 루카스 폰 힐데브란트Johann Lukas von Hildebrandt가 다시 디자인하여 지금에 이르렀다. 1818년에 지진으로 복구를 하기도 했다.

🌐 www.viennaconcerts.com 🏠 Mirabellgarten 🕒 8~16시 📞 662-80-720

대주교와 살로메의 사랑

대주교는 사랑을 할 수 없음에도 불구하고 살로메 알트(Slome Alt)와 사랑을 나누었다. 그는 결국 대주교에서 물러나고 아이 15명을 낳고 사랑을 지키며 오래 잘 살았다. 대주교의 영원한 사랑은 비극이 아니었다.

잘자흐 강
Salzach

잘차흐Salzach 강은 오스트리아와 독일을 흐르는 225㎞길이의 강이다. 강과 접한 도시로 오스트리아의 잘츠부르크가 있다. 잘자흐Salzach 강은 오스트리아 잘츠부르크를 가로지르는 청명한 강으로 알프스의 눈이 녹아내려 흐르고 있다. 강을 중심으로 잘츠부르크의 구시가지와 신시가지를 나뉘는 역할을 하고 있다.
강 이름은 독일어로 '소금'을 뜻하는 '잘츠Salz'에서 유래된 것처럼 19세기에 잘츠부르크-티롤 철도가 개통되기 전까지 선박을 이용한 소금 수송이 있었다.
잘자흐Salzach 강을 따라 잘츠부르크 옛 도시를 볼 수 있다. 숨이 멎을 듯한 도시의 아름다운 실루엣, 잘츠부르크 남부에 위치한 특색있는 풍경을 볼 수 있으며, 강둑을 따라 펼쳐지는 풍경이 아름답다. 하겐Hagen 산맥과 테넨Tennen 산맥을 바라보면서 인상적인 도시의 모습 또한 감상할 수 있다.

유람선 투어

잘자흐(Salzach) 강을 따라 가며 잘츠부르크 시내의 주요 명소를 관광하는 보트 투어는 편안히 앉아서 보트 밖으로 펼쳐지는 스카이라인과 아름다운 건축물을 볼 수 있다. 우베르푸르(uberfuhr)다리까지 왕복하는 코스(1일 3회)와 헬브룬 궁전코스(1일 1회)가 있다.
잘츠부르크카드가 있으면 무료다. 투어는 50여분 정도 소요되는 데 배를 탄다는 것 외에 특별한 것은 없다. 그리 폭이 넓지 않은 강을 따라 내려가면서 강변의 풍경들을 보게 된다. 오후의 따스한 햇살을 즐기는 사람들의 모습이 여유롭게 느껴진다.

■ 요금 : 16€ ■ 전화 : 8257-6912 ■ 시간 : 3~4월 13(토요일), 15, 16시, 5월 11~13시, 15~17시(매월 운행시간은 1시간 씩 늘어나서 8월에 20시까지 운행하고 9월부터 다시 1시간씩 줄어듦)
■ 홈페이지 : www.salzburgschifffahrt.at

잘츠부르크 성당
Dom Zu Salzburg

잘자흐Salzach 강 서쪽, 올드 타운에 자리하고 있는, 8세기에 건립된 잘츠부르크의 유서 깊은 성당은 유럽에서도 손에 꼽히는 아름다운 성당이다. 유구한 역사를 자랑하는 잘츠부르크 성당에서 모차르트는 세례를 받고, 훗날 성당의 오르간 연주자로 봉사했다.

잘츠부르크 성당Dom Zu Salzburg에서 가장 눈에 띄는 것은 돔 모양 지붕이다. 구약 성서의 일화를 그리고 있는 내부의 프레스코화는 피렌체 출신의 화가 '도나토 마스카니'의 작품이다. 중앙 회중석을 장식하고 있는 회화 또한 마스카니의 작품이다. 대문 입구를 장식하고 있는 조각품은 성 루퍼트와 성 비질리우스, 예수의 12제자 중 베드로와 바울의 모습을 그리고 있다.
잘츠부르크 성당Dom Zu Salzburg의 7개의 종은 오스트리아에서 가장 아름다운 소리를 자랑한다. 이 중 무게가 14ton에 달하는 '부활의 종'은 오스트리아에서 2번째로 큰 종이다. 7개의 종 중 '마리아의 종'과 '비르길리우스의 종'만이 최초에 제작된 그대로 남아 있다.

음악 애호가라면 성당 입구 근처에 자리를 잡고 있는 로마네스크 양식의 청동 세례반을 유심히 관찰해 보자. 세례반은 볼프강 아마데우스 모차르트의 세례식에 사용되었다.
전설적인 천재 작곡가, 모차르트는 1779~1781년까지 잘츠부르크 성당의 오르간 연주자로 봉사하였으며, 이곳에서 〈대관식 미사〉를 초연했다. 1년에 한 번 열리는 잘츠부르크 축제 때에는 성당 광장에서 모차르트의 작품을 비롯한 다양한 실내악이 연주된다.

간략한 역사

잘츠부르크 성당(Dom Zu Salzburg)은 전형적인 17세기 바로크 건축 양식을 가지고 있다. 성당의 역사는 비르길리우스 주교가 774년에 로마의 정착지 주바붐에 세워진 성당을 축성(祝聖)하였지만, 건립 후 8차례의 화재를 겪었다. 1598년의 화재로 인해 성당의 상당 부분이 불에 탔다. 오늘날의 성당은 이탈리아의 건축가 '산티노 솔라리'에 의해 설계되었다.

www.salzburger-dom.at Domplatz 1 8~19시(일요일 13~19시) 662-8047-7950

게트라이데 거리
Getreidegasse

잘츠부르크Salzburg에서 가장 번화한 거리로 모차르트 생가 옆으로 뻗어 있다. 모차르트 생가와 구시청사도 이 거리에 있다. 좁은 골목에 선물가게, 레스토랑, 바 등 갖가지 상점들이 들어서 있어서 관광객의 발길이 끊이지 않는다. 상점 건물마다 걸려 있는 독특한 철제 간판이 눈길을 끌며 바닥에 그림을 그리는 사람들도 찾아볼 수 있다.

과거 & 현재

과거의 부촌

1500년대 후반에서 1600년대 초반까지, 이 거리는 독일의 바이에른 주로 이어지는 간선 도로 역할을 했다. 부유한 상인들이 오가던 이곳은 잘츠부르크의 부촌이었다. 오늘날, 거리에 넘쳐나는 세련된 패션 상점들과 보석 부티크는 과거의 영광을 재현하고 있다.

현재의 쇼핑

모차르트 생가, 박물관, 아기자기한 중세 가옥들로 유명하다. 게트라이데 레인을 거닐며 중세의 거리와 아름다운 안뜰을 배경으로 서 있는 고급 부티크 가게를 감상하고 예술가들과 거리의 악사들을 만날 수 있다. 그냥 상점을 보면서 쇼핑을 하다가, 마음에 드는 물건을 보고 쇼핑에 나서도 좋다.

가이드 투어

(투어 참가 홈페이지나 전화로 예약)

1시간짜리 가이드 투어에 참여하면 세계적인 작곡가, 모차르트의 유년 시절에 대해 알 수 있어서 더욱 알차게 둘러볼 수 있다.

한눈에

게트라이데 파악하기

게트라이데 거리Getreidegasse를 따라 늘어선 좁고 높은 가옥들은 잘츠부르크가 자랑하는 중세 건축의 전형적인 모습을 보이고 있다. 역사와 건축에 관심이 있는 사람들은 연철로 된 표지판과 대문처럼 생긴 창문들에서 눈을 떼지 못한다. 패션에 관심이 있다면 세련된 상점들을 둘러보며 시간이 가는 줄 모른다. 음악 애호가라면 영화 〈사운드 오브 뮤직〉 기념품과 모차르트 기념품 쇼핑을 하게 된다. 게트라이데 거리 9번지에는 모차르트 생가와 박물관이 있다.

평지로 된 게트라이데 거리Getreidegasse는 걸어서 다니기에 좋다. 여름에는 분위기 있는 조용한 안뜰에서 잠시 휴식을 취할 수 있다. 안뜰은 벽화와 아치 구조물, 화단 등 개성 있는 특성을 보이기 때문에 천천히 둘러보라고 추천한다. 샤츠 하우스에서 유니버시티 광장까지 걸으며 회화 작품 '아기 예수와 성모 마리아'와 독일의 정치인 아우구스트 베벨을 기리는 명판을 찾으면서 걸어보자. 미라클 밀랍 박물관에는 잘츠부르크의 18세기 말 모습을 찾아보자.

거리 동쪽 끝에서 엘리베이터를 타고 묀히스베르크 산에 올라 묀히스베르크 현대미술관을 방문할 수 있다. 해가 지고 어둠이 찾아오면 상점과 가옥들이 불빛을 밝히는 저녁 무렵이 가장 아름답다.

호헨 잘츠부르크 성
Festung Hohensalburg

케이블카를 타고 산꼭대기에 올라 잘츠부르크 최고의 명소로 자리매김한 유럽 최대 규모의 중세 성을 찾아보자. 올드 타운 어디에서나 잘 보이는 묀히스베르크 언덕 위에 도시를 내려다보며 우뚝 서 있는 아름다운 성이다.
시내에서 케이블카를 타고 조금만 가면 '잘츠부르크의 고지대 성'이라는 뜻의 이름을 가진 호헨 잘츠부르그성이 나온다. 11세기에 건축이 시작되어 1681년에 완성되었다.
1077년 대주교 게브하르트에 의해 건립된 호헨 잘츠부르그성은 길고 긴 세월 동안 주거용 건물, 요새, 교도소, 병영으로 사용됐다. 훌륭하게 보존된 여러 화려한 방과 도시의 아름다운 전경을 자랑한다.

렉툼 감시탑에 오르면 잘츠부르크의 아름다운 전경이 눈앞에 펼쳐진다. 성에는 잘츠부르크 마리오네트 극장의 인형들이 전시된 마리오네트 박물관을 비롯해 3곳의 박물관이 자리하고 있다. 성벽으로 둘러싸인 호헨 잘츠부르그성을 방문하면 박물관과 미술 전시를 관람할 수 있다. 성에서는 공연이 개최되면 가족이나 연인과 함께 즐거운 시간을 보내기에 좋다.

내부 풍경

중세 시대의 성 중에서도 유럽 최대 규모로 꼽히는 호헨 잘츠부르그성의 내부를 둘러보며 과거 왕족들이 식사를 하고 잠을 자던 곳을 직접 확인할 수 있다. 황금 홀의 벽면을 장식하는 고딕 양식의 목재 조각품이 인상 깊다. 천장 대들보에는 순무와 사자로 구성된 대주교 레온하르트 폰 코이샤흐의 문장이 그려져 있다. 요새 곳곳의 50여 곳에서 가문의 문장을 찾을 수 있다. 황금의 방에 들러 왕들이 사용하던 화려한 가구도 볼만하다.

전망

중세의 모습을 그대로 간직하고 있는 중부 유럽 최대의 성 내부에는 성에서 사용하던 주방 기구와 대포, 고문 기구 등이 전시되어 있는 성채 박물관과 라이너 박물관이 있다. 성 뒤편의 전망대에서는 시내의 모습이 한눈에 들어온다. 도시를 가로지르는 잘자흐 강과 검은 회색빛이 감도는 도시의 전망은 아주 매력적이다. 특히 뒤쪽의 파란 잔디가 깔린 잔디 한가운데 홀로 버티고 있는 집은 엽서의 한 장면을 보는 듯이 아름답다.

올라가는 방법

언덕 위에 있지만 올라가는 데는 그리 힘들지 않다. 카피텔 광장 근처의 성까지 올라가는 10분에 한 번씩 출발하는 케이블카를 타면 몇 분 안에 성에 도착할 수 있다. 튼튼한 다리를 가지고 있다면 무시해버리고 올라가도 된다. 요새의 안뜰까지 페스퉁 레인을 따라 걸어가는 방법이다. 계단이 잘 놓여 있어서 천천히 걸어 올라가면 약 15분 정도 소요된다.

www.salzburg-burgen.at Mőnchsberg 34 9시 30분~17시(5~9월 19시까지)
€ 14€ (요새+패스퉁반 왕복), 11€ (요새+패스퉁반 하강) 662 8424 3011

레지던스
esidenz

13세기에 지어진 궁전은 현재, 미술관과 공연장으로 사용되고 있는 문화 허브이다. 레지던스Residenz는 잘츠부르크 올드타운 중심지인 잘츠부르크 성당 맞은편에 위치하고 있다.

잘츠부르크 레지던스Residenz에서는 다양한 문화적 욕구를 충족시킬 수 있다. 렘브란트의 걸작 〈기도하는 어머니〉를 감상하고, 잘츠부르크 궁전 콘서트를 관람할 수 있는 레지던스Residenz는 오랜 세월 동안 잘츠부르크 대주교들의 주거지로 사용됐다.

1232년, 대주교 콘라트 1세는 주교들이 살게 될 궁전 건립에 착수하였다. 그는 건물을 레지던스Residenz라고 이름 지었다. 16세기에 대주교이자 왕자이던 볼프 디트리히 폰 라이테나우에 의해 바로크 양식의 건물로 재건축되어 지금에 이르렀다.

🌐 Residenzplatz 🏠 250번 버스 타고 Mozartsteg, Ruolfskai, Rathaus 정류장 하차

내부 모습

2층
널찍한 카라비니에리잘은 연극과 연회를 위해 사용되던 곳이다. 이곳을 시작으로 레지던스의 수많은 웅장한 홀들을 모두 둘러볼 수 있다. 이 중에서 알렉산더 대왕을 그린 프레스코화가 높다란 천장을 뒤덮고 있는 '아우디엔잘'이 가장 인상 깊다.

3층
레지던스 갤러리(Residenz Gallery)가 있는 3층은 렘브란트의 〈기도하는 어머니〉를 비롯하여 16~19세기까지의 유럽 거장들의 작품이 전시되어 있다. 레지던스 홀과 갤러리 오디오 투어 입장권에 갤러리 입장료가 포함되어 있다.

음악 공연장
라츠지머는 1762년 6세의 모차르트가 최초로 공연을 한 곳이다. 리테르잘에서는 모차르트를 비롯한 여러 음악가들이 대주교들을 위해 연주를 했다. 지금, 잘츠부르크 궁전 콘서트가 열리는 곳이다.

오디오 가이드
궁전의 180방을 모두 둘러볼 수 있다. 가이드 이용료는 입장료에 포함되어 있다. 8개 언어로 제공되는 오디오 가이드를 따라 투어를 마치는 데는 약 45분 정도 걸린다. 중세 시대에 대주교를 알현하기 위해 방문한 왕자들과 정치가들의 발자취를 따라가면 화려한 홀들을 둘러보게 된다.

레지던스 광장
Residenz Platz

두 채의 대주교 궁전이 자리한 올드 타운의 레지던스 광장Residenz Platz에는 각종 공연과 축제, 스포츠 행사가 개최된다. 넓은 레지던스 광장Residenz Platz에는 바로크 양식과 르네상스 양식의 전형인 궁전, 2채가 자리해 있다. 광장은 다양한 문화 행사들의 개최지이기도 하다. 잘츠부르크 시민들의 사교 중심지인 이곳은 16세기 후반에 세워졌다.
광장의 중심에는 화려한 레지던스 분수대가 서 있다. 잘츠부르크에서 가장 규모가 큰 이 분수대는 영화 〈사운드 오브 뮤직〉의 배경으로도 사용됐다. 정교한 돌고래와 말, 아틀라스 조각은 이탈리아의 조각가 토마소 디 가로네의 작품이다. 광장을 거닐면 아름다운 분수대와 인근의 건물들을 카메라에 담고, 분수대 근처에서 휴식을 취하는 장면을 볼 수 있다.
레지던스 광장Residenz Platz 양측에는 잘츠부르크의 유서 깊은 랜드 마크가 서 있고, 서쪽에는 13세기에 지어진 레지던스 궁전이 있다. 광장 북쪽에는 가옥들이 줄지어 서 있고 매력적인 카페와 빵집에 앉아 늦은 아침의 여유를 즐길 수 있다. 남쪽은 돔 광장과 잘츠부르크 성당으로 이어진다.
모차르트 광장에 인접한 동쪽에는 뉴 레지던스가 있다. 이곳은 파노라마 박물관을 비롯한 여러 박물관의 보금자리이다. 파노라마 박물관을 방문하여 작품의 총 둘레가 26m에 달하는 요한 미카엘 사틀러의 작품인 1829년 잘츠부르크의 모습을 파노라마로 감상할 수 있다.

Residenzplatz 250번 버스 타고 Mozartsteg, Ruolfskai, Rathaus 정류장 하차

크리스마스 마켓 & 성 루퍼트 축제

레지던스 광장(Residenz Platz)의 분수대 주변에서 열리는 크리스마스 마켓은 알프스의 공예품과 크리스마스 기념품을 판매하고 있다. 멀드 와인과 현지 음식을 맛보며 축제 분위기에 빠져 보자. 9월에는 잘츠부르크의 수호성인인 성 루퍼트 축제가 열린다.

모차르트 광장
Mozart Platz

잘츠부르크 박물관과 볼프강 아마데우스 모차르트의 조각상은 자갈 깔린 광장의 자랑거리이다. 잘자흐 강 서쪽에 자리한 올드 타운의 모차르트 광장Mozart Platz은 1756년 잘츠부르크에서 태어난 오스트리아 출신의 세계적인 작곡가 볼프강 아마데우스 모차르트를 기리기 위해 세워졌다.

고개를 들면 17세기에 지어진 유서 깊은 종탑이 현재까지 하루에 3번 시간을 알려준다. 묀히스베르크 산을 배경 삼아 종탑을 카메라에 담아보자. 야외 테라스를 갖춘 광장의 여러 카페에 앉아 휴식을 취하는 것도 좋다. 거리의 악사들이 연주하는 모습을 구경하며 빵과 커피를 즐기는 사람들의 모습을 쉽게 볼 수 있다.

보행자 전용으로 운영되어 걸어서 다니기에 좋은 모차르트 광장에서 이어지는 자갈길은 잘츠부르크의 중세적 면을 보여주는데, 파이퍼 거리가 대표적이다. 예술가들과 음악인들에게 인기 높은 주거 구역이기도 했다. 1839년에는 오스트리아의 화가 '세바스티안 스티프'가 4번지로 이사를 오기도 했다.

Mozart Platz 250번 버스 타고 Rathaus 정류장 하차

광장의 모습

광장의 중앙에는 독일의 조각가 루드비히 슈반탈러에 의해 제작된 모차르트의 동상이 서 있다. 동상은 오페라 〈피가로의 결혼〉, 〈마술피리〉를 비롯한 수많은 고전을 남긴 모차르트가 작고한 지 50년이 지난 1842년에 공개되었다. 잘츠부르크 최고의 명소인 모차르트 광장을 시작으로 올드 타운을 둘러보는 관광객이 많다.

광장에는 모차르트의 생애와 관련된 여러 기념물을 볼 수 있다. 모차르트의 부인 콘스탄체 폰 니센을 기리는 명판을 광장 8번지를 찾아보자. 그녀는 동상이 공개되기 얼마 전 세상을 떠났다. 4번지에는 잘츠부르크 대학 산하 음악원이 자리하고 있다. 음악원은 모차르트의 가까운 친구 안트레터 가문의 이름을 따 '안트레터 하우스'라고 부른다.

비교하자!

모차르트 생가 VS 모차르트 하우스

모차르트 생가(Mozart Geburtshaus)

1756년 1월 27일 음악의 신동 모차르트가 태어나서 17세 때까지 살았던 집이다. 모차르트가 어린 시절 사용하던 바이올린, 피아노, 악보, 침대와 그의 아버지 레오폴트 모차르트와 주고받던 편지 등이 전시되어 있다.
전형적인 오스트리아 중, 상류층 저택으로 음악에 문외한이었다고 한다. 구시가지의 중심지로 각종 상점이 밀집되어 있는 게트라이데거리 Getreidegrasse 한복판에 있다. 노란색 건물에 'Mozart Geburtshaus'라고 쓰여 있어서 쉽게 찾을 수 있다.

www.mozarteum.at Getreidegasse 9, 250번 버스 타고 Rathaus 정류장 하차
9~17시(7~8월에는 19시까지) € 13€(학생 9€)

모차르트 하우스 (Mort's Wohnhaus)

모차르트가 1773~1780년에 살았던 집이다. 제2차 세계대전 때인 1944년에 폭격을 받아 파괴된 것을 1838년에 다시 복원하여 현재 박물관으로 사용 중이다.
미라벨 정원 끝 부분에 조금 걸어가면 나오는 마카르트 광장에 있는 분홍색 건물이다. 모차르트 생가와 다른 곳이다.

www.mozart.at/museen/mozart-wohnhaus
Makartplatz 8
8시 30분~19시(9~다음해 6월까지 9~18시 30분)
€ 11€(15~18세 6€, 6~14세 4€)
662-874-227~40

축제극장
Festspidhauserh

세계적으로 유명한 잘츠부르크 음악제의 메인 콘서트 홀로 모차르트 생가 뒤쪽에 있다. 2,400명을 수용할 수 있는 대극장과 대주교의 마구간을 개조해서 만든 소극장이다. 그리고 채석장을 개조한 야외극장[Felsenreitschule]의 3곳으로 나뉘어 있으며 각종 공연이 펼쳐진다. 음악제가 열리는 7~8월을 제외하고는 극장 내부와 무대, 분장실 등을 돌아보는 가이드 투어가 있다.

묀히스베르크 현대미술관
Museum der Moderne Monchsberg

벽 위에 자리 잡고 서 있는 박물관은 내부에서든 외부에서등 숨 막히는 아름다운 전경을 보여준다. 묀히스베르크 산 위에 자리잡고 있는 묀히스베르크 현대미술관Museum der Moderne Monchsberg을 방문하여 모더니즘 건축물과 순수 예술 작품을 감상해보자.

1998년, 신규 미술관 설계를 위한 공모전이 진행되었다. 11명으로 구성된 심사위원은 145명의 지원자 가운데 독일의 건축가 프리드리히 호프 츠빙크 팀을 선정했다. 2004년 개관한 미술관은 20~21세기 예술 작품을 전시하고 있다. 별관인 루페르티넘 현대미술관은 잘츠부르크의 올드 타운 중심지에 있다.

4층으로 된 미술관에는 오스트리아를 비롯한 전 세계 화가들의 작품이 전시되어 있다. 크리스티언 헛징어, 이미 크뇌벨, 토머스 라인홀드, 게르발드 로켄슈라우브, 레오 조그마이어의 추상 작품이 인상적이다.

미술관 건물 또한 하나의 예술 작품이다. 건물의 외관은 잘츠부르크 인근의 운터스베르크 산에서 채석한 대리석으로 이루어져 있다. 커다란 창문을 통해 도시의 풍경을 감상할 수 있다. 미술관에는 세련된 레스토랑이 있어 연인과 함께 우아하게 식사를 즐길 수도 있다. 도시의 아름다운 전경을 감상하며 가벼운 간식과 칵테일을 즐기는 것도 좋다.

🌐 museumdermodernemonchsberg.at 🏠 Monchsberg 32 🕒 10~18시(월요일 휴관)
€ 8€(6~15세의 학생 4€,가이드 투어 목요일 저녁 무료) 📞 662-842-220

잘츠부르크 박물관

Salzburg Museum

종탑이 있는 궁전에 자리한 박물관에는 잘츠부르크의 다양한 역사적, 문화적 유산이 고스란히 남아 있다. 1834년에 잘츠부르크 박물관Salzburg Museum의 시작은 초라했지만 위대한 잘츠부르크의 예술적, 문화적 유산을 이룩했다.

풍부한 역사적 유산을 가진 잘츠부르크 박물관은 2009년 올해의 유럽 박물관으로 선정되기도 했다. 고고학과 중세 역사, 건축을 시대별로 조명하는 화려한 전시회를 관람하고 예술, 과학, 정치적 업적에 대해 알 수 있다.

박물관의 원형은 제2차 세계대전 당시 심하게 파괴되어 수십 년간 임시 거처로 있다가 잘츠부르크 한복판에 있는 모짜르트 광장의 노이에 레지덴츠에 터전을 잡았다. 웅장한 궁전에는 잘츠부르크의 대주교들이 거주했다. 17세기 제작된 35개의 종이 있는 카리용인 글로켄슈필은 도시의 명물이다.

www.salzburgmuseum.at Mozartplatz 1 9~17시(월요일 휴관, 11월 1일, 공휴일 휴관)
€ 10€(6~15세의 학생 6€ / 가이드 투어 목요일 저녁 무료) 662-6208-08700

전시관 모습

박물관에 들어서면 잘츠부르크의 화려한 유산을 보여주는 3층 전시관이 있다. 1층 전시관에는 잘츠부르크의 역사 속 인물들을 조명하는 전시물과 멀티미디어 프레젠테이션이 있고, 2층 전시관에서는 잘츠부르크의 현대 예술사를 조명하고 있다. 낭만주의 시대의 예술품과 현지 예술가가 그린 멋진 풍경화가 전시되어 있다. 2층 전시관에서 켈트족의 물병과 고딕 양식의 날개 달린 제단 등 중세 고고학 유물들을 볼 수 있다.

박물관과 파노라마 박물관을 이어주는 지하 통로인 파노라마 통로에는 J. M. 새틀러가 19세기 도시 풍경을 그린 26m 높이의 설치물이 있다. 정원 안쪽의 지하실에는 1년에 3차례의 전시회를 개최하는 다목적 특별 전시 공간인 미술관 쿤스트할레가 있다.

헬부른 궁전
Hellbrunn Palace

1615년에 만들어진 잘츠부르크 대주교의 여름궁전이다. 바로크 양식의 정원은 '물의 정원'으로 잘 알려져 있다. 주변 경치가 아름답고 인근에 동물원도 있으니 같이 둘러볼 수 있다. 시내에서 남쪽으로 10㎞ 정도 떨어진 지점에 있다.

투어 순서

대주교의 식탁(Fürstentisch)부터 궁전을 둘러보는 데, 대리석 식탁은 귀빈들이 대주교와 함께 둘러앉았던 곳이다. 평범해 보이지만 대주교가 신호를 보내면 숨은 분수 기능이 작동하도록 되어 손님들은 물세례를 받도록 고안되었다. 가이드가 투어참가자 중 한 명에게 식탁에 앉으라고 한 후에 재현을 한다.

넵툰의 동굴(Neptungrotte) 안에 있는 분수는 초록색의 눈에 큰 귀를 가진 도깨비 분수로 콧구멍에서 물줄기가 나오고 혀를 길게 내밀면서 눈동자를 굴리도록 디자인되었다. 주로 분수가 모양도 다르고 조각에서 뿜어져 나오는 것이 다르기 때문에 관광객의 흥미를 남긴다.

www.hellbrunn.at Fuerstenweg 37 €13€(가이드 투어) 662-820-3720

카푸지너베르크 산
Kapuzinerberg

높이 636m의 카푸지너베르크 산 정상은 잘츠부르크 시에서 가장 높은 곳이다. 산에 오르면 잘자흐 강과 올드 타운의 전경이 한눈에 들어온다. 날씨가 좋은 때에는 독일의 바이에른 주까지 볼 수 있다. 아름다운 전경과 하이킹 트랙, 유서 깊은 기념물을 자랑하는 카푸지너베르크 산에 올라 여름날의 소풍을 즐겨보자.

선사 시대부터 사람이 살기 시작한 카푸지너베르크 산은 유구한 역사를 자랑한다. 산의 랜드마크인 카푸지너베르크 수도원은 과거 '트롬피터슐레슬'이라는 이름의 성이 서 있던 부지에 자리하고 있다.

린처 거리나 임베르크스티그를 통과해 수도원과 중세 정착지에 이를 수 있다. 린처 거리를 이용하면 그리스도의 수난을 상징하는 십자가의 길 6곳을 지나게 된다. 모차르트가 오페라 〈마술피리〉를 작곡한 곳이라고 알려진 지점에서 모차르트 기념물이 있다. 펠릭스 게이트에 이르면 잘츠부르크의 멋진 전경이 눈앞에 펼쳐진다.

스타인 거리에서 출발하는 좁은 계단길인 임베르크스티그는 잘츠부르크의 유서 깊은 무역로이다. 수도원 건너편에는 오스트리아의 작가 슈테판 츠바이크의 저택인 파싱어 슐레슬이 나무에 둘러싸여 있다. 이곳에서 멀지 않은 곳에 도시를 조망하기에 좋은 전망대가 2곳 있다. 걸어서 20분 거리에 바이에른 전망대가, 10분 거리에 오베레 슈타타우시트가 있다.

산정상의 펠릭스 게이트에서 성벽을 따라 걸으면 프란치스킬뢰슬이 나온다. 1629년 조성되어 흉벽으로 사용되던 이곳은 1849년에 선술집으로 개조되었다. 선술집은 수요일부터 일요일까지 오후에 문을 연다.(여름 축제 21시까지 / 휴무 1월)

스타츠부르크 다리나 모차르트 다리를 건너면 올드 타운이 나온다. 산 정상까지 걸어서 갈 거라면 하루 종일 일정을 비우는 것이 좋다.

Innsbruck
인스부르크

인스부르크

INNSBRUCK

스위스의 베른에서 오스트리아의 인스부르크로 향하는 차장 밖 풍경은 그대로 그림엽서가 된다. 차창 밖으로 펼쳐지는 산과 호수, 들판 위의 한가로운 양떼들, 목가적 풍경의 아름다움은 인스브루크에 도착할 때까지 이어진다. 도시를 가로지르는 '인 강(Inn River)의 다리(Bruge)'라는 뜻에서 온 인스브루크는 오스트리아의 알프스 자락 마을, 티롤의 중심 도시이다.

인스부르크 IN

오스트리아와 독일의 국경에 있는 인스부르크는 기차를 타면 독일 뮌헨 중앙역에서 약 1시간 50분 정도 지나면 도착한다. 잘츠부르크는 2시간, 비엔나에서 5시간이 걸린다. 인스브루크는 오히려 독일에서 가는 것이 더 편하다.

시내버스

버스와 트램이 시내와 외곽을 연결하는 교통수단이다. 버스는 중앙역을 중심으로 운행을 하므로 시내를 둘러보는 데에는 버스가 제격이지만 도시가 작으므로 버스를 탈일은 많지 않다. 역에서 볼거리가 몰려 있는 올드 타운까지 트램을 이용해 출퇴근을 하는 시민들은 1일 패스를 사용한다.

인스부르크 카드(Innsbruck Card)
인스부르크 여행에서 관광객을 위해 시내교통부터 관광지의 입장까지 한 장으로 저렴하게 해결해 주는 카드이다. 황금지붕, 왕궁, 암브라스 성 등 인스부르크의 관광지를 입장할 수 있다. 산행열차와 케이블카를 타는 노르트케테반의 왕복 이용과 시티투어 버스까지 이용이 가능하다.

간략한

역사 파악하기

인스부르크는 인Inn 강 골짜기에 위치한 곳으로 북쪽으로는 알프스와 남쪽으로는 툭세르Tuxer 산이 어우러져 아름다운 경치를 만들어 낸다. 도시 주변에는 다양한 산악 교통수단들이 마련되어 있다.

인스부르크는 12세기 이해 유럽 남부와의 통로인 브레너 패스Brenner Pass 덕분에 중요한 무역 중심지가 되어왔다. 이 도시가 합스부르크가문의 총애를 받으면서 성장했는데, 마리아 테레지아와 막시밀리안 황제가 지었던 중요 건물들이 아직도 시내에 잘 보전되어 있는 것을 보면 알 수 있다.

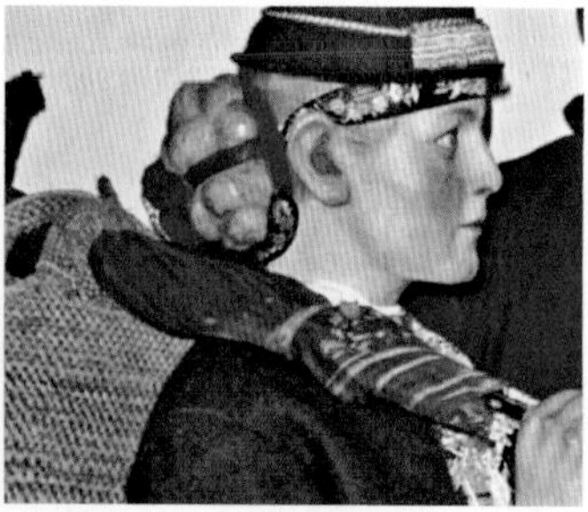

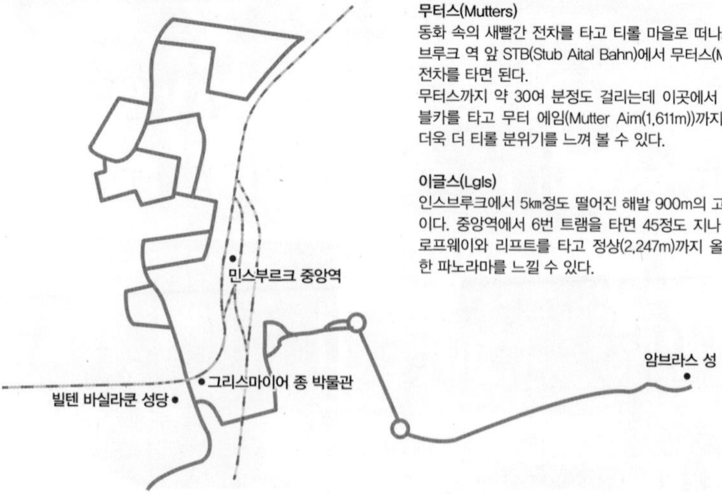

무터스(Mutters)
동화 속의 새빨간 전차를 타고 티롤 마을로 떠나보자. 인스브루크 역 앞 STB(Stub Aital Bahn)에서 무터스(Mutters) 행 전차를 타면 된다.
무터스까지 약 30여 분정도 걸리는데 이곳에서 다시 케이블카를 타고 무터 에임(Mutter Aim(1,611m))까지 올라가면 더욱 더 티롤 분위기를 느껴 볼 수 있다.

이글스(Lgls)
인스브루크에서 5㎞정도 떨어진 해발 900m의 고지대 마을이다. 중앙역에서 6번 트램을 타면 45정도 지나 도착한다. 로프웨이와 리프트를 타고 정상(2,247m)까지 올라가 장대한 파노라마를 느낄 수 있다.

한눈에
인스부르크 파악하기

인스부르크는 특별한 역사적인 건축물이 있는 도시가 아닌 알프스의 작고 아름다운 도시이다. 도시를 병풍처럼 둘러싼 알프스와 유유히 흐르는 옥색의 인Inn 강이 아름답다. 중앙역에서 내려 걸어 다니면서 인스부르크의 예쁜 시가지를 둘러보는 것도 좋다. 유럽인들은 등산이나 스키를 즐기려고 방문하는 경우가 대부분이다.
스위스의 잘 정돈된 알프스 풍경과는 또 다른 느낌이 드는 이곳은 푸른 초목과 호수가 펼쳐진 알프스 산 아래에서 산양과 젖소를 키우며 젖을 짜고, 산비탈 통나무집에서 자연과 더불어 사는 티롤 사람들을 만날 수 있다.

역 인포메이션 센터에서 얻을 수 있는 마을 소개 팜플렛에는 마을에서 벌어지는 작은 음악회나 행사를 소개해 놓고 있어 재수가 좋으면 공원 등지에서 열리는 포크댄스, 브라스 밴드, 요들송 등 전통 음악회나 민속 공연을 공짜로 즐길 수 있다. 인스브루크의 중심인 마리아 테레지아 거리를 중심으로 마리아 테레지아가 둘째 황태자 레오폴트와 스페인 왕녀의 결혼을 축하하기 위해 지은 개선문이 보이고, 구시가지로 들어가면 중세풍의 작은 골목에서 인스브루크의 상징인 황금 지붕과도 만나게 된다. 골목길이 참 예쁜 도시이다.

집중탐구

티롤(Tirol)

오스트리아와 독일, 이탈리아의 국경에 인접한 티롤Tirol지방은 오스트리아의 알프스 지대로 천혜의 자연 경관과 함께 요들송의 본고장으로 유명하기도 하다.
1세기부터 로마의 통치를 받았지만 서로마가 멸망하면서 독립된 형태로 살아가면서 13세기에는 독립 제국이 되었다.

티롤은 하나의 나라처럼 인정하고 살아왔지만 합스부르크와 바이에른의 영토싸움 끝에 합스부르크의 영토로 편입된다. 그 이후 19세기 말, 다시 독일이 중부유럽에서 새로운 강자로 부상하면서 오스트리아-헝가리 제국과 국경문제로 내분이 발생했다. 1차 세계대전이 끝나고 오스트리아-헝가리 제국이 사라지고 독일이 강력한 국가가 되면서 분리가 되고 말았다.

요들송의 본고장이기도 한 티롤은 오스트리아와 독일 국경에 인접한 오스트리아에서 가장 알프스와 가까운 지방이다. 티롤주의 주도인 인스부르크는 1964, 1976년에 동계올림픽 개최지로 유명하여 1년 내내 스키와 하이킹, 등산을 즐기기 위해 관광객이 몰려든다.
공원을 산책하는 것도 즐겁고 티롤 지방의 전통 문화를 볼 수 있는 티롤 민속 예술 박물관을 찾아가 보거나 인 강을 따라 펼쳐지는 경치를 즐기며 천천히 산책을 즐겨 보기는 것도 좋다. 인스브루크에서 사철을 타고 좀 더 산속으로 들어가면 보다 알프스적인 마을 정취가 물씬 풍기는 티롤 마을을 만나게 된다.

예전보다 많이 변했지만 알프스 산중 마을 티롤 지방의 모습에서 더욱 더 오스트리아의 전통적인 냄새를 맡을 수 있을 것이다. 티롤 마을을 향하는 기차는 유레일패스가 적용이 안 되는 곳이라 부담스러울 수 있다. 하지만 전통적인 오스트리아 알프스의 분위기를 느끼고자 하는 여행자라면 인스브루크에 숙소를 잡고 인근 알프스 자락 티롤 마을로 떠나고 싶을 것이다. 2,000m이상의 산들로 둘러싸인 티롤에는 독특한 전통 가옥과 풍습들이 남아 있다.

전통의상

거리에 보면 전통의상을 입은 주민들을 볼 수 있다. 트라호트(Tracht)라고 부르는 남성의 전통 복장은 가죽 바지에 여름에는 반바지이지만 겨울에는 무릎 아래부터 발목까지 꽉 끼도록 만든 긴 바지이다. 동물의 뼈로 만든 재킷과 동물 털로 만든 모자가 인상적이다. 여성은 디른들(Dirndl)이라고 부르는데, 주름이 있는 하얀색 원피스에 소매 블라우스를 입는다.

티롤 민족 예술 박물관(Tiroler Volkskunst Museum)

오스트리아에서 가장 인상적인 향토 박물관으로 독특한 민속적 의상과 악기, 농가, 가구, 놀이기구 등의 티롤 지방에서만 볼 수 있는 문화와 민속적 특징을 알 수 있는 흥미로운 전시물이 있다. 괴테의 동상과 성단의 장식 등과 지하에는 양각으로 새겨진 티롤의 지도도 있다.

🌐 www.tiroler-landesmuseum.at 🏠 Universitätsstraße 12(궁정 교회 오른쪽에 있다)
🕒 0~18시(5~9월까지 / 월요일 휴관, 10~다음해 4월까지 : 10~12시 30분, 14~17시)
€ 13€(궁전교회와 통합입장권 / 어린이 9€) 📞 512-594-89

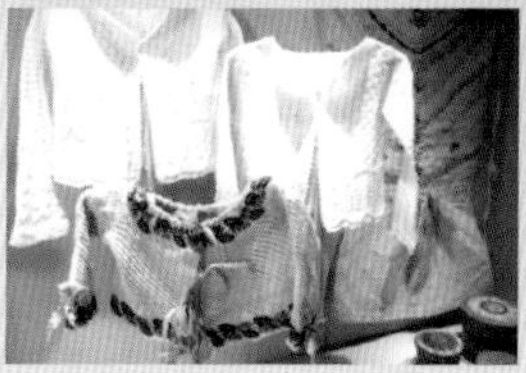

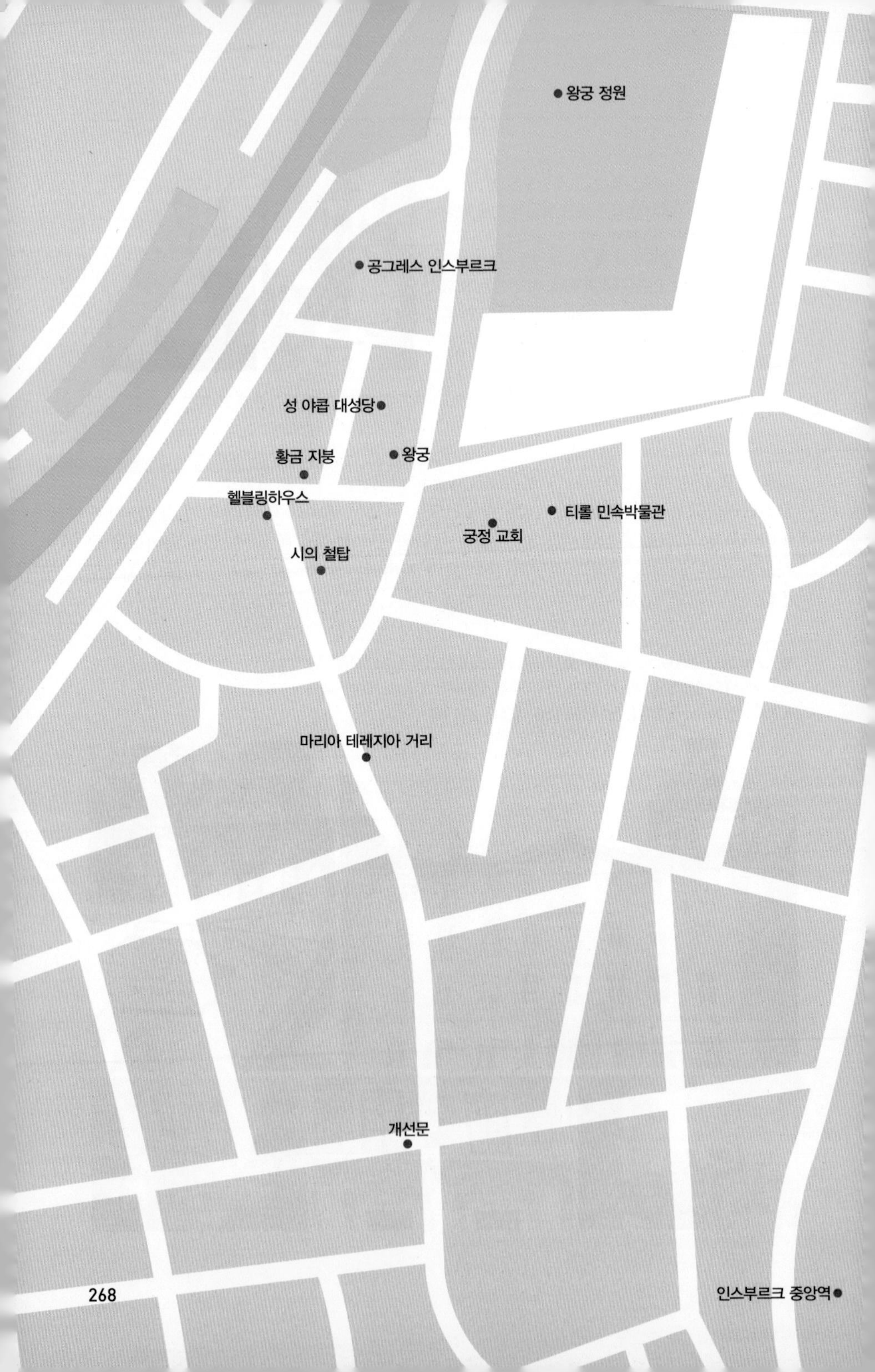
왕궁 정원
공그레스 인스부르크
성 야콥 대성당
황금 지붕
왕궁
헬블링하우스
티롤 민속박물관
궁정 교회
시의 철탑
마리아 테레지아 거리
개선문
인스부르크 중앙역

인 강
Inn River

알프스 산맥에서 빙하가 녹아 흘러내리는 옥색의 빙하수가 흐르는 인 강Inn River은 인스부르크를 돌아 흐르고 있다. 북쪽에 보이는 노르트케테 산맥이 있고 남쪽으로 올드 타운이 있다.

마치 대한민국에서 보이는 풍수지리에 맞는 작은 도시를 만들고 있다. 강가를 따라 형형색색의 집들 뒤에 산들이 병풍처럼 휘감아 한 폭의 그림처럼 보이기도 하다. 봄이나 가을에는 강에서 피어오르는 물안개가 더욱 아름답다.

마리아 테레지아 거리
Maria Theresiwn Strasse

전쟁과 외교정책을 조화롭게 사용해 합스부르크 가문의 위상을 드높인 군주인 마리아 테레지아 여제의 이름을 딴 중심가이다. 티롤을 침공한 남부 독일의 바이에른과 프랑스 연합군을 물리치고 1703년 시민들이 성금을 걷어 건립했다.

안나 기념탑Annasaule을 중심으로 시청Rathaus, 다양한 상점과 레스토랑이 번화가라는 사실을 알게 된다. 특히 기념탑과 정면의 알프스의 설경이 한눈에 보여 더욱 아름답다.

🏠 Maria Theresiwn Strasse, innsbruck (트램 1번 탑승)

개선문
Triumphpforte

마리아 테레지아 거리Maria-Theresien Strasse에서 1765년 마리아 테레지아가 둘째 황태자 레오폴트와 스페인 왕실과의 결혼을 축하하기 위해 만든 개선문Triumphforte이 보이고, 중앙역 정면에 있는 Salumer Strabe를 따라 5~10분이면 보이는 인스부르크의 상징 같은 문이다.

눈 덮인 알프스를 배경으로 서 있는 웅장한 석조 문으로 1765년 마리아 테레지아 여제가 차남인 레오폴트 대공과 스페인 왕녀 마리아 루도비카의 결혼식을 축하하기 위해 세운 것이다. 하지만 같은 해에 마리아 테레지아 여제의 남편인 프란츠 1세가 죽는 바람에 문의 남쪽에는 기쁨을 표시하고 북쪽에는 슬픔을 주제로 조각을 새겨 넣었다.

Triumphpforte, innsbruck

시의 탑

Stadttum

황금 지붕 건너편에 있는 독특한 모습을 하고 있는 높이 56m의 탑은 14세기에 화재를 감시하는 망루로 세워졌지만 1602년에 시간을 알려주는 종이 설치되었다. 도시 전체를 보려면 헤르초크 프리드리히거리[Herzog Friedrich Strasse]에 있는 14세기의 첨탑[Stadttum]에 올라가 보자. 33m 높이에 있는 전망대에 오르면 구시가지와 알프스의 전경이 한눈에 펼쳐진다.

⌂ Herzog Friedrich Strasse 21 ◷ 10~17시
€ 5€ (성인 / 17세 이하와 60세 이상 3€)
📞 512-587-113

황금 지붕

Golden Dachi

인스부르크의 상징 같은 건물로 15세기 초 프리드리히 4세가 건축한 것을 1494~1496년에 막시밀리안 1세가 광장에서 열리는 행사를 관람하기 위해 개축한 것이다. 광장 건너에 금비 지붕이 있는데 지붕의 2,657장의 도금 구리기와는 16세기의 것으로 금박동판을 입혀서 '황금지붕'이라는 이름이 붙여졌다.

지붕의 장식이 매력적인 고딕 양식으로 발코니에는 각 지방의 문장과 황제, 왕비상이 조각되어 있다. 안의 박물관은 막스밀리언 1세를 위한 것이다. 막시밀리안 1세의 보물과 각종 자료, 동계 올림픽 관련 자료가 전시되어 있다. 황금 지붕 뒤로 있는 성당은 전형적인 바로크스타일 내부로 되어 있다.

⌂ Herzog Friedrich Strasse 15 ◷ 10~20시(5~9월, 10~다음해 4월 17시까지 / 11월 휴관)
€ 5€ 📞 512-5360-1441

왕궁
Hofburg

15세기 지그문트 대공에 의해 세워졌다가 여러번 개축을 거쳐 18세기에 마리아 테레지아에 의해 로코코 양식의 궁전으로 바뀌었다.
내부에는 아름다운 그림과 가구로 장식되어 있으며, 중앙 홀에는 마리아 테레지아와 그의 가족들이 그려져 있다. 빈Wien의 왕궁과는 상대하기 힘들 정도로 작은 규모이므로 너무 실망할 필요는 없다.

www.hofburg-innsbruck.at Rennweg 1 9~17시(11월 휴관) €10€(학생 7€) 512-587-186

궁정 교회
Hofkirch

왕궁 옆에 있는 하얀색 교회로 16세기 르네상스 양식의 정수를 보여주는 교회이다. 내부에는 막시밀리안 1세의 텅빈 대리석 석관이 있는데 측면에는 그의 일화를 소개한 부조가 있고, 그 둘레에 28개의 큰 청동이 서 있어서 대조를 이룬다.
오른쪽 계단으로 올라간 곳에 있는 예배당에는 16세기에 만든 나무로 된 파이프 오르간이 있다. 7~8월 여름 성수기에는 오르간 콘서트가 열리는데, 많은 관광객들이 몰려들기도 한다.

Universitäts Strasse 2 9~17시(일요일은 12시 30분부터 시작) €12€ (어린이 8€) 512-584-302

암브라스 성
Scholoss Ambras

인스부르크 서쪽에 위치한 성곽은 쉰부른 궁전과 함께 오스트리아에서 아름다운 성으로 알려져 있다. 11세기에 건축된 것이지만 16세기 때, 페르디난드 2세에 의해 박물관을 갖춘 르네상스 양식의 성으로 개축되었다.
아름다운 스페인 홀과 정원이 있고 합스부르크 가문의 초상화와 다양한 공예품, 무기, 다양한 물건들이 전시되어 있다.

www.scholossambras-innsbruck.at Schloss Strasse(3, 6번 트램이나 K번 버스타고 이동)
€ 12€(12~다음해 3월까지 9€ / 19세 이하 무료 / 오디오 가이드 4€) 10~17시(11월 휴관) 525-244-802

APOTHEKE
1546
Abfahrt
Departure
TICKET

Austria North
오스트리아 북부

엽서 속 그림처럼 아름다운 북부 오스트리아에서 여러 성들과 스키 리조트, 하이킹 코스를 가진 중세 마을을 둘러보면 진정한 오스트리아를 경험할 수 있다. 오스트리아 최북단에 위치한 북부 오스트리아는 장대한 다뉴브 강이 지나는 곳이기도 하다. 몇 백 년의 역사를 지닌 성과 박물관, 여름이면 훌륭한 콘서트홀에서 오스트리아의 문화를 경험하는 것도 좋다.

울창한 숲이 사방으로 펼쳐진 북부 오스트리아의 곳곳에는 아기자기한 마을과 활기찬 도시가 자리하고 있다. 북부 오스트리아 지역은 오스트리아의 참모습을 만날 수 있을 것이다. 높이 솟은 산의 정상에는 세계 최정상급 스키 리조트와 눈부시게 아름다운 호수, 어디로도 갈 수 있는 자전거 코스와 걸으면서 자연을 느낄 수 있는 트레킹 코스에서 다양한 즐거움을 누릴 수 있다.

브루크너하우스와 란데스테아터 린츠 콘서트 홀, 맛있는 린처 토르테 디저트가 유명하다.

덕분에 린츠는 덩달아 유명해졌다. 신 대성당, 성 박물관, 렌토스 현대 미술관, 오르스 일렉트로니카 센터에서 문화 체험을 즐길 수 있다. 하우프트 광장에서 길거리 공연을 관람하고 란트슈트라세에서 쇼핑을 하는 것도 좋은 경험이다. 차를 타고 조금만 이동하면 매력적인 바로크 시대의 수도원인 장크트 플로리안과 크렘스뮌스터에도 갈 수 있다.

다뉴브 강을 따라 아름다운 북부 오스트리아를 따라가면 신비로운 성과 수도원, 잊지 못할 풍경이 기다리고 있다. '슐뢰게너 슐링게Schologener'라고 하는 강물이 구불구불한 모양을 이루는 장면도 볼 수 있다. 도나우 스타이그는 강변에 위치한 하이킹 코스로 길이가 450㎞에 달한다. 독일 국경 마을 파사우Pasawoo에서 시작해 오스트리아를 지나 흑해까지 이어져 있다. 다뉴브 강 자전거 도로를 따라 자전거를 타고 트라피스트 엥엘스첼 수도원, 로코코 양식의 빌헤링 시토파 수도원, 12세기 노이 하우스 성도 구경할 수 있다. 캠핑을 즐기며 여행을 하는 가족들도 쉽게 볼 수 있다.

Linz
린츠

APOTHEKE
1546
Kronen Zeitung
CITY NEWSROO
Stadtrundfahrt
Abfahrt Hauptplatz
Entdecken Si
ightseeing-Tour

린츠Linz는 오스트리아에서 3번째로 큰 도시임에도 우리에게는 아직 생소한 도시이다. 잘츠부르크의 동쪽, 빈Wien의 서쪽에 자리한 린츠는 버스나 차를 이용하면 잘츠부르크에서 1시간, 빈Wien에서 2시간 거리에 있다. 유명한 브루크너 오케스트라와 현대적인 오페라 하우스를 갖추고 있는 오스트리아에서는 큰 도시이자 공업 도시이다. 과거 신성 로마 제국의 지방 정부가 있던 린츠Linz는 도나우 강을 가로지르는 인근 수로를 통한 무역으로 막대한 부를 축적했다.

밤이 되면 제법 규모가 큰 대학가로 나가 밤의 여흥을 즐기고, 낮에는 도나우 강변의 도심 공원에서 생동감 넘치는 분위기에 빠져 보는 것도 추천한다. 자전거를 대여하여 강변을 따라 달리며 아름다운 경치를 감상하는 것도 좋다.

도나우 공원
Donau Park

모차르트의 교향곡 제36번의 제목이기도 한 도나우 강 유역의 린츠Linz에는 오늘날에도 음악과 문화 애호가들의 발길이 끊이지 않는다. 전자 예술 전시를 관람하고 저명한 음악 축제에 참여하거나 도시의 아름다운 강변 공원을 산책해보자.

성 마르틴 교회
Martinskirche

개성이 강한 도심에는 유서 깊은 건물들과 바로크 양식으로 지어진 교회의 첨탑을 볼 수 있다. 오스트리아에서 가장 오래된 교회인 성 마르틴 교회에는 고대 로마인들이 '렌티아Lentia'라 부르던 린츠Linz가 게르만 족에 맞서 로마 제국의 국경을 수호하던 시대의 잔해 위에 교회가 건립되었다.

주립 극장
Linzer Landhaus

브루크너하우스를 근거지로 하는 브루크너 오케스트라는 최근에 세계적인 명성을 얻고 있다. 도나우 강변을 따라 자리 잡은 극장은 미래파적 분위기의 여러 구조물을 하나로 잇고 있다.
린츠 주립극장에는 뛰어난 음향 시설을 갖춘 현대식 오페라하우스가 있다. 린츠를 방문하는 때에 오케스트라의 공연이 있는지 확인하여 관람하는 것도 좋다. 이곳은 다양한 축제가 개최되기도 한다. 해마다 열리는 클랑볼케 축제 때는 강변이 하나의 커다란 공연장이 된다.

렌토스 현대 미술관
Lentos Kunstmuseum

20세기 초반부터 오늘날에 이르는 오스트리아와 각국의 예술 작품을 감상할 수 있다. 온통 LED 불빛으로 치장한 파사드를 멀리에서도 볼 수 있도록 설계하였다. 오르스 일렉트로니카 센터에서는 멀티미디어로 작품으로 꾸며진 미래파 가상 세계를 경험할 수 있고 과학 전시관에는 최신 유전 공학, 로봇 공학, 생명 공학 기술도 확인할 수 있다.

Salz Kammergut
잘츠캄머구트

잘츠캄머구트

SALZ KAMMERGUT

잘츠캄머구트(Salz Kammergut)는 도시가 아니고 지역의 이름이다. 많은 관광객이 가고 싶은 할슈타트는 잘츠캄머구트(Salz Kammergut) 지역에 있는 작은 마을이다. 그러므로 잘츠캄머구트(Salz Kammergut)에서 쉽게 할슈타트나 장크트 길겐(St. Gilgen)에 갈 수 없다. 걸어서 갈 수 있는 거리도 아니다. 가장 쉽게 도착하는 방법은 투어를 신청하는 것이다.
잘츠부르크(Salzburg)에서 투어로 잘츠캄머구트(Salz Kammergut)로 사운드 오브 뮤직 투어를 신청하면 할슈타트(Hallstatt)를 비롯해 잘츠캄머구트(Salz Kammergut)에 있는 대부분의 마을을 둘러볼 수 있다.

사운드 오브 뮤직 투어(Sound of Music Tour)

▶시간_ 9시 30분~14시(4시간 소요) / 50€
▶일정
미라벨 정원(Mirabellplatz) → 본트랩 정원 저택(Leopoldskron Castle) → 헬브룬 궁전(Hellbruen Castle) → 논베르크 수녀원(Nonnberg Abbey) → 장크트 길겐(St. Gilgen), 장크트 볼프강(St. Wolfgang) → 몬트제 교회(Mondsee) – 미라벨 정원(Mirabellplatz)

잘츠캄머구트 & 호수투어 (Salz Kammergut & Lake district)

▶시간_ 9시 30분~14시(4~5시간 소요) / 50€
▶일정
미라벨 정원(Mirabellplatz) → 푸슐호(Fuschlsse) → 장크트 볼프강(St. Wolfgang) → 장크트 길겐(St. Gilgen) → 크로텐제(Krottensee) – 몬트제교회(Monesee) → 미라벨 정원(Mirabellplatz)

추천 코스

잘츠부르크(Salzburg) 중앙역 → 장크트 길겐(St. Gilgen) → 장크트 볼프강(St. Wolfgang) → 샤프베르크

잘츠부르크 중앙역

장크트 길겐

장크트 볼프강

샤프베르

1. 잘츠부르크 중앙역 → 장크트 길겐 (포스트 버스 / 45~50분 소요)

잘츠부르크 중앙역에서 장크트 길겐으로 이동하는 방법에는 2가지가 있다. 잘츠부르크 중앙역 앞에서 바트 이슐로 가는 포스트 버스 150번을 타고 장크트 길겐에서 내린 후에 장크트 볼프강까지 가는 유람선을 타는 방법과 150번 버스를 타고 스트로블(1시간 10분 정도 소요)에서 내려 546번 버스로 갈아타고 장크트 볼프강(20분 소요)으로 가는 방법이 있다.
버스 티켓은 탑승 하여 버스기사에게 직접 구입이 가능하며 중간에 버스를 갈아타더라도 최종 목적지까지 한 번에 버스티켓을 구입할 수 있다.

▶ **포스트버스 :** www.postbus.at

2. 장크트 길겐 → 장크트 볼프강

① 바트 이슐로 가는 포스트 버스 150번을 타고 장크트 길겐에서 내린 후에 장크트 볼프강까지 가는 유람선을 타는 방법

장크트 길겐St. Gilgen에 도착하여 근처의 볼프강 호수 증기선을 타고 장크트 볼프강St. Wolfgang으로 이동하면 된다. 다만 증기선은 4월 말에서 10월 말까지만 운행하므로 시기를 확인하여야 한다. 시간이 부족하다면 스트로블 버스터미널에서 장크트 볼프강St. Wolfgang으로 가는 버스로 갈아타는 코스를 이용하여 유람선을 이용하면 된다.

② 150번 버스를 타고 스트로블(1시간 10분 정도 소요)에서 내려 546번 버스로 갈아타고 장크트 볼프강(20분 소요)으로 가는 방법

스트로블 터미널에 도착하였다면 546번 포스트 버스를 3번 승차장에서 타고 이동한다. 미리 버스 시간을 확인하여야 나중에 돌아오는 버스를 놓치지 않는다. 미리 장크트 볼프강St. Wolfgang까지의 버스 티켓을 구입했다면 버스기사에게 티켓을 보여주고 탑승하면 된다.

3. 장크트 볼프강 → 샤프베르크 (등산 열차로 40분 소요)

장크트 볼프강에서 등산열차를 타고 샤프베르크 정상으로 올라가 장츠캄머구트의 아름다운 호수를 한눈에 볼 수 있다.

①잘츠부르크(Salzburg) 중앙역 → 바트 이슐(Bad Ischl) → 할슈타트(Hallstatt)

잘츠부르크 중앙역에서 150번 버스를 타고 1시간 30분 정도 지나 바트이슐 버스터미널로 이동한다. 바트이슐 역에서 다시 할슈타트로 가는 지역 열차인 R(REX)를 타고 이동한다.
▶OBB(www.oebb.at)

②잘츠부르크(Salzburg) 중앙역 → 할슈타트(Hallstatt) (유레일패스 소지자)

잘츠부르크 중앙역에서 아트낭 푸흐하임 역(45분 소요)을 거쳐 할슈타트로 이동하는 열차를 타고 이동한다.

잘츠캄머구트(Salz Kammergut) 지역은 아터제, 할슈타트 호수, 몬드시, 트라운 호 , 볼프강제 등 76개나 되는 호수에서 배를 타거나 수영, 낚시를 하면서 쉴 수 있다. 끝없이 이어지는 알프스 의 자그마한 언덕 위를 걷는 것은 그 자체로 마음의 안식이 다가온다. 다흐슈타인 베스트는 스키를 타기에 좋고, 포이어코겔은 가족들과 겨울 스포츠를 즐기기 좋다. 다흐슈타인 크리펜슈타인에는 오프 피스트 슬로프에서의 스키를 체험할 수 있다.

한눈에

잘츠캄머구트 파악하기

잘츠캄머구트Salz Kammergut는 잘츠부르크 동쪽에 있으며 산과 호수로 둘러싸여 언제나 인기있는 휴양지로 유명하다. 이곳에서는 편안히 휴식을 취하며 여름에는 풍경을 구경하고 다양한 레포츠를, 겨울에는 스키를 즐길 수도 있다.

가장 큰 호수는 북쪽의 아터제Attersee로 알려져 있다. 아터제 서쪽으로 몬트제Mondsee가 있는데, 호수가 따뜻해 수영을 할 수 있는 장소이고 영화, 사운드 오브 뮤직의 결혼식 장면이 나오는 성 미하헬 성당을 볼 수 있다. 아터제 동쪽에는 그문덴Gmunden과 바트 이슐Bad Ischl이 있는데, 지리적으로 잘츠캄머구트Salz Kammergut의 중심에 있다.
바트 이슐Bad Ischl은 1828년 소피 공주가 이곳에서 불임을 고친 후 온천이 유명해졌다. 이곳에서 휴양을 한 후 2년이 안 되어 그녀는 프란츠 요제프 황제를 낳고, 이후 두 아들을 더 낳았다. 프라츠 요제프 황제가 바트 이슐Bad Ischl 온천에서 여름휴가를 보내기 시작하면서 발전하기 시작했다.

바트 이슐Bad Ischl 서쪽에 있는 볼프강 호수Wolfgangsee은 그림 같은 마을에 둘러싸인 호수와 교회가 유명하다. 북쪽 호수가 리조트 지역인 장크트 볼프강St. Wolfgang이다.
할슈타트Halstatt는 산과 호수 사이에 그림엽서 같은 풍경 사이로 들어선 전원 마을로, 소금 광산이 유네스코 세계 문화유산으로 등록되어 있다. 로마시대에는 풍부한 소금이 로마인들을 이곳으로 오게 했지만 현재는 멋진 경치로 관광객들을 이끌고 있다. 낮에는 관광객들로 항상 붐비지만 저녁이면 다시 고요를 되찾는 마을이다.

Hallstatt
할슈타트

할슈타트

HALLSTATT

잘츠캄머구트(Salz Kammergut)의 진주라고 불릴 정도로 아름다운 경치를 자랑하는 할슈타트Hallstatt는 1997년 세계자연문화유산으로 지정된 호숫가 마을이다. 잘츠캄머구트 관광도시 중 가장 아름다운 경치를 자랑하기 때문에 항상 붐빈다. 대한항공CF에 나오면서 할슈타트에 대한 관심은 증가하였고 "할슈타트에는 중국인과 한국인만 있다"라고 할 정도이다.

고대 켈트어로 소금이라는 뜻의 'Hall'은 선사시대부터 바위소금을 채굴해 온 오랜 역사를 갖고 있는 할슈타트를 의미한다. 선사시대부터 중요한 소금을 통해 풍요를 누렸고 그 사실은 마을의 선사 박물관에서 2,500년 전의 소금 채굴도구와 출토품이 전시된 현장에서 느낄 수 있다.

할슈타트 IN

잘츠부르크 중앙역에서 출발하기 때문에 미리 가는 방법을 결정하고 티켓을 구입해 놓아야 한다. 특히 여름에는 거의 매진이 되기 때문에 사전에 티켓이 구입되지 않으면 가기는 힘들 것이다.

① 아트낭 푸흐하임Attnag-Puchheim행 열차R3418, REX3420로 환승
② 포스트 150번 버스로 바트 이슐까지 이동해 할슈타트행 열차인 R3414 또는 REX3416으로 환승
③ 포스트 150번 버스로 바트 이슐까지 이동 → 할슈타트 고사무흘Hallstatt Gosaumhle(542번 버스) → 할슈타트 버스터미널(바트 이슐Bad Ischl에서 버스로 35분 소요)

주의!!!
버스에서 내리면 할슈타트에 바로 내려 이동하는 데 문제가 없지만 열차는 내려 역에서 페리를 타고 호수를 건너야 한다는 것을 알고 이동하자.
▶페리 요금 : 3.2€ ▶열차 OBB : www.oebb.at ▶포스트 버스+R / REX 이용
▶홈페이지 : www.postbus.at

소금광산 투어

할슈타트Hallstatt에는 아직도 소금광산이 있어서 광석차를 타고 들어가 견학을 할 수 있다. 등산 열차를 타고 올라가 광부 옷을 입고 가이드의 안내를 받아 광산 내부로 들어간다. 광산의 내부 온도가 여름에도 7℃로 낮아서 긴 옷을 입고 등산화를 신고 가는 것이 좋다.

길이가 10㎞에 달하는 거대한 규모의 광산 벽에는 아직도 소금이 붙어 있는 모습을 볼 수 있다. 조명등의 불빛을 받아 빛나는 모습이 마치 수정 같다. 소금광산 투어에 참가하면 설명을 들으며 살펴볼 수 있지만 아쉽게 한국어 설명은 없다.

투어는 약 1시간 30분 정도 이루어진다. 케이블카를 타고 올라가면 10~20분 정도 걸어가서 입구에 도착한다. 성수기인 여름에는 특히 케이블카를 타는 데 기다리는 시간이 길어서 왕복 케이블카를 타고 투어를 하고 나면 4시간은 족히 필요하다. 트레킹 코스로 내려오는 길을 따라 가면 약 45분 정도 소요된다.

www.salzwelten.at 34€(광산+케이블카 왕복)
9~18시(4월 중순~9월 중순 / 9~16시 30분 : 9/21~11/1 / 9시 30분~15시 : 11/2~4/24)

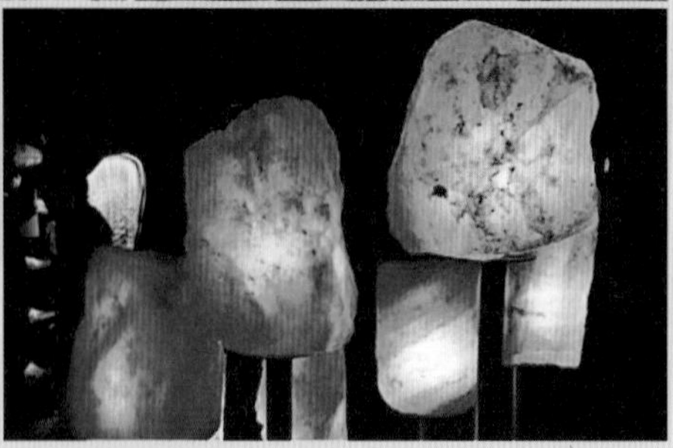

마르크트 광장
Marktplatz

할슈타트의 중심지이지만 광장은 크지 않다. 더욱이 성수기에 몰려드는 관광객으로 광장은 이내 사람들로 북적이게 된다.
14세기부터 생겨난 광장은 16세기에 대부분의 나무로 이루어진 집들이 생겨났다. 18세기에 화재로 소실되기도 했지만 복구가 18세기 중반에는 성 삼위일체 상까지 세워지면서 지금의 형태가 되었다.

Markplatz Hallstatt

할슈타트 호수
Hallstatt See

다흐슈타인 남서쪽에 위치한 할슈타트 호수는 오스트리아 알프스를 대표하는 관광지의 핵심 볼거리이다. 하늘이 맑으면 언제나 호수에 비치는 산들과 언덕 위의 집들이 보여주는 풍경은 장관이다. 마르크트 선착장에서 유람선(4~5회 / 50분 소요)을 타고 호수 위를 유유히 떠다니며 보는 풍경은 5~10월까지만 가능하다.

Markplatz Hallstatt

유람선 (4~5회 / 50분 소요)
기차역에서 페리를 타고 마르크트Markplatz 선착장에서 내리면 된다.
▶7~8월(11, 13, 14, 15, 16시) / 5~6, 9~10월(11, 13, 14, 15시)
▶www.hallstattshiffahart.at

할슈타트 박물관
Hallstatt Museum

석기 시대에 할슈타트로 초기 정착민들을 불러들인 것이 바로 풍부한 소금이었을 것이다. 청동기 시대에 형성된 갱도들은 세계에서 가장 오래된 것이라고 알려져 있다. 갱도를 탐험하며 고대로부터 내려온 채굴 기법에 대해 알아보게 된다.
할슈타트 인근의 묘지가 발굴되면서 기원전 800년에서 600년까지의 유물이 많이 출토되었는데, 이 시기의 켈트 문화를 가리켜 '할슈타트 문명'이라고 부른다. 사슴뿔 곡괭이, 암영 채굴 도구 등 할슈타트 곳곳에서 발굴된 유물들과 고증으로 만들어진 옛 켈트인들의 미니어처도 볼만하다.

🌐 www.museum-hallstatt.at 🏠 See Strasse 56 🕒 10~18시(5~9월 / 4, 10월 16시까지 / 11~다음해 3월 11~15시)
€ 11€(어린이 8€ / 유람선 + 박물관 콤비 티켓 19€, 어린이 15€) 📞 6134-828-0015

가톨릭 교회
Maria am Berg

숨어있는 것처럼 할슈타트의 가톨릭 교구 교회가 네오고딕 양식으로 19세기에 지어져 산에 자리 잡고 있다. 세계적으로 유명한 납골당과 산 묘지와 함께 역사적인 순례 교회는 할슈타트 호수를 방문하는 사람들이 반드시 찾는 곳이다.
오스트리아 국경 너머로 잘 알려진 것은 광부의 기초로 여겨지고 예술 역사적 특성을 나타내는 장인이었던 레온하트 아슐Leonhard Astl의 후기 고딕 양식의 날개 달린 제단이 유명해지면서 부터이다.
최근에는 묘지와 납골당이 있어 더욱 운치가 있다. 묘지는 항상 부족하여 10년이 지나면 구개골에 그림을 그려 납골당에 안치한 것이 예술로 승화되었다고 한다. 2002년에 가톨릭 교구 교회가 완전히 복구 작업을 하였다.

🌐 www.kath.hallstatt.net 🏠 Kirchenweg 40 ⏲ 10~17시(납골당) € 2€(납골당 / 교회는 무료)

공동묘지
본당 교회의 암석 부지는 할슈타트 공동묘지가 되었다. 앞면은 전도자 기독교인으로 지정된다. 묘지의 규칙에 따라 가족 무덤이 없고, 무덤은 10년 후에 다시 사용할 수 있다. 무덤 위에는 나무나 단철로 만든 십자가가 그리스도의 표시가 있다.

개신 교회
Hallstatt Lutheran Church

할슈타트에서 호수와 함께 사진을 찍으면 나오는 고딕 첨탑의 교회가 개신교회이다. 1427년, 독일에서 종교개혁을 하면서 세워진 루터파 교회이다. 사진과는 다르게 소박하고 작은 회관에 내부는 단순하게 꾸며져 있다.

주소_ Landungsplatz 101 **전화_** 699-1887-8496

다흐슈타인
Dachstein

북부 석회암 알프스 에서 두 번째로 높은 산인 다흐슈타인Dachstein은 산의 일부는 잘츠부르크 주에 있으며 산은 드레이 랜데르 베르크Drei-Länder-Berg로 불린다. 2,500m 이상의 수십 개의 봉우리가 있으며, 그중 가장 높은 곳은 남부와 남서부 지역에 있다. 북쪽에서 바라본 다흐슈타인 산맥의 모습은 너머로 솟아 오른 바위 정상에 빙하가 있다.

다흐슈타인Dachstein은 1년 내내 눈으로 덮여 있는 인기 있는 스키장이다. 하강은 2,700m에서 2,264m 사이이며, 3개의 드래그 리프트와 1개의 2인승 체어리프트, 사람들을 빙하까지 데려다 주는 케이블카가 있다.
슈타인 빙하는 빙하의 마을 위에 있다. 눈은 1년 내내 빙하가 있지만 여름에는 눈이 상당히 부드러워진다. 기차는 슈라트밍Schladming에서 정차하며 거기에서 다흐슈타인Dachstein 산맥 아래 마을로 가는 버스가 있다.

고도 2,700m에 위치한 높은 산은 멋진 자연 배경과 탁 트인 전망을 자랑한다. 다흐슈타인Dachstein 현수교, 스카이 워크Sky Walk, 아이스 팔라스트Ice Palast와 같은 명소는 잊을 수 없는 경험을 만들어준다. 곤돌라 발코니를 포함하여 다흐슈타인 빙하 레일웨이Dachstein Glacier Railway로 오르는 것은 그 자체로 잊을 수 없는 추억이 된다.

- www.dachstein-salzkammergut.com
- winki 34, Obertraun(할슈타트 란(Lahn) 정거장에서 542, 543번 탑승하여 오베르트라운 다흐슈타인자일반(Obertraun Dachstinseilbahn)에서 하차)
- 8시 40분~17시 40분(섹션 1 / 17시30분까지 섹션 2 / 17시20분까지 섹션 3), 9시20분~15시30분(얼음동굴) 10시30분~14시(맘모스 동굴)
  36€(파노라마 티켓 섹션 1 / 섹션 2 : 32.8€ / 섹션 3 : 24€)
- +43-50-140

할슈타트 즐기는 방법

오스트리아 잘츠캄머구트(호수 지구)에 위치한 할슈타트Hallstatt는 잘츠부르크 동쪽으로 차로 한 시간 거리에 있다. 오스트리아의 호수 지역Lake District에 위치한 아담한 마을인 할슈타트Hallstatt는 4,000년의 역사를 간직한 소금 광산과 유서 깊은 마을 광장 등이 있다.

오스트리아의 아름다운 자연, 수많은 호수와 마을 중에서도 가장 아름답고 개성 강한 곳을 꼽으라면 할슈타트가 단연 으뜸일 것이다. 7천 년에 가까운 역사를 지니고 있는 할슈타트Hallstatt는 고고학자들의 보물 창고이자 세계문화유산이기도 하다.

1. 레포츠

대부분의 여행객이 즐겨 찾는 여름에도 무척 아름답지만, 가을이 되면 더욱 신비로운 분위기를 자아내기 때문에 많은 여행자들이 하이킹을 즐기며 사진을 찍기에 최상의 조건이다. 겨울이 되면 여정을 풀고 인근 크리펜슈타인 스키 리조트를 방문해도 좋다.

2. 호수

할슈타트 호수에서 나무로 된 배를 타고 노를 저으며 마을을 바라보면 오스트리아에서 가장 아름다운 경관이 펼쳐진다. 카메라를 준비하는 것을 잊지 말자. 깎아지른 듯한 다흐슈타인 마시프 산과 호숫가 사이에 자리 잡고 있는 작은 마을은 집과 집 사이의 간격이 어찌나 좁은지 흡사 건물들이 포개어져 있는 것 같다. 어떤 집은 호수를 통해서만 도달할 수 있을 정도이다. 반대편 호숫가의 기차역에 내려 연락선을 타고 마을로 다가가면 화려한 색깔의 가옥들이 관광객을 맞아준다.

3. 축제

할슈타트 주민들은 지금도 오랜 전통을 소중히 여긴다. 매년 할슈타트 호수에서 열리는 성체 축일 행사가 그 중 하나이다. '던들 투고'에서는 오스트리아 전통 의상인 던들을 입어 보거나 대여할 수 있다.

4. 소금 광산

할슈타트는 15세기에 지어진 교구 교회와 교회 옆의 납골당뿐 아니라 마을보다 500m 더 높은 지대에 위치한 소금 광산으로도 유명하다. 석기 시대에 할슈타트로 초기 정착민들을 불러들인 것이 바로 이 풍부한 소금이었을 것이다. 청동기 시대에 형성된 갱도들은 세계에서 가장 오래된 것이라 일컬어진다.

5. 켈트 문화

할슈타트 인근의 묘지가 발굴되면서 기원전 800년에서 600년까지의 유물이 얼마나 많이 출토됐던지, 이 시기의 켈트 문화를 가리켜 '할슈타트 문명'이라 부른다. 출토된 유물은 세계문화유산 박물관에 전시되어 있다.

Seewirt

Bad Ischl
바트 이슐

St. Wolfgang
장크트 볼프강

St. Gilgen
장크트 길겐

바트 이슐

BAD ISCHL

바트 이슐에는 대략 14,000명이 거주하고 있다. 인근 도시인 바드 고이세른에서 북쪽 방향으로 8㎞ 정도 거리에 있으며, 수도인 빈Wien에서는 서쪽 방향으로 약 210㎞ 떨어져 있다. 밖에 나가 신선한 공기를 마시면서 머리를 식히고 조용한 그늘 밑 벤치를 찾아보는 것도 좋은 선택이다.
트링크할레 관광안내소에 들르면 정보를 편하게 얻을 수 있다. 독특한 문화를 확인하고 싶다면 박물관 관람도 잊지 말자. 바트 이슐 박물관, 레하르 빌라 박물관에는 다양하고 독특한 전시물이 전시되어 있다.

지리적 & 역사적 의미

잘츠캄머구트Salz Kammergut의 중심지에 있는 교통의 중심지로 주변 호수나 다른 마을로 갈 때 시작점이자 거점이 되는 마을이다. '바트Bad'란 온천을 뜻하는 단어로 바트 이슐Bad Ischl은 예로부터 귀족들의 온천 휴양지로 번영을 누리던 곳이다. 특히 합스부르크 왕가의 사랑을 받아 당시에 지어진 웅장한 건축물이 많이 있다. 프란츠 요제프 황제가 첫눈에 반한 엘리자베트(Sisi)와 약혼을 한 장소로 알려져 있다. 프란츠 요제프 황제의 여름 별장인 카이저 빌라와 시립박물관이 유명하다.

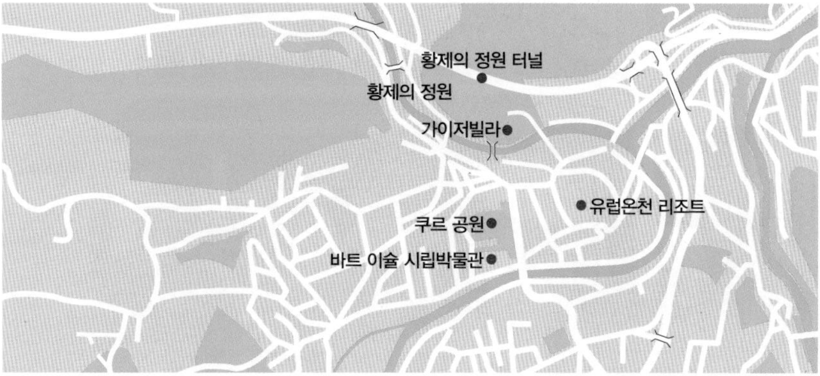

바트 이슐Bad Ischl의 온천은 유럽에서 염분 함량이 가장 많아서 예부터 병을 치유한다는 온천의 탁월한 효능으로 많은 음악가들이 즐겨 찾았다. 아들을 낳게 한다는 소문이 널리 알려지면서 '왕자의 소금'이라는 별명도 있을 정도이다.

합스부르크 시대 왕궁을 둘러보고 바트 이슐Bad Ischl에서 따뜻한 스파를 즐기며 휴식을 취하는 것도 좋다. 슈타이어에는 다양한 건축 양식이 조화를 이룬 모습을 볼 수 있다. 과거 비텔스바흐 왕가가 거하던 셰르딩의 분위기 넘치는 거리도 인상적이다.

🌐 www.badischl.at
🏠 잘츠부르크 중앙역에서 기차 이동(약 2시간 소요) / 150번 버스로 이동(1시간 30분 소요)

장크트 볼프강

ST. WOLFGANG

바트 이슐Bad Ischl의 북서쪽 장크트 볼프강St. Wolfgang 호수에 위치한 작은 마을로 호수에 비치는 파블로스 교회의 모습이 아름답다. 호수를 따라서 산책로가 있으니 천천히 걸어보는 것도 좋은 방법이다. 장크트 볼프강 여행의 하이라이트는 높이 1,783m의 샤프베르크 산Schafbergspitze에 오르는 것이다.

정상까지는 등산열차인 샤프베르크반Schafbergbahn를 타고 약 40분 정도 올라간다. 정상의 전

🌐 www.wolfgangsee.at

🏠 잘츠부르크 중앙역(포스트 150번 버스) → Stöbl(546번 버스) / 장크트 길겐 유람선 타고 이동(59분 소요)

샤프베르크 등산열차(Schafbergbahn)

장크트 볼프강 포스트 버스 정류장에서 내려 열차 매표소로 이동한다. 등산 열차는 1,783m의 정상에 올라 알프스 산에 둘러싸인 잘츠캄머구트 전망과 주변의 호수까지 같이 볼 수 있다.

등산열차와 유람선의 할인된 통합티켓이 유리하다.

▶www.wolfgangseeschifffahrt.at (편도 17.5€ / 왕복 29€)

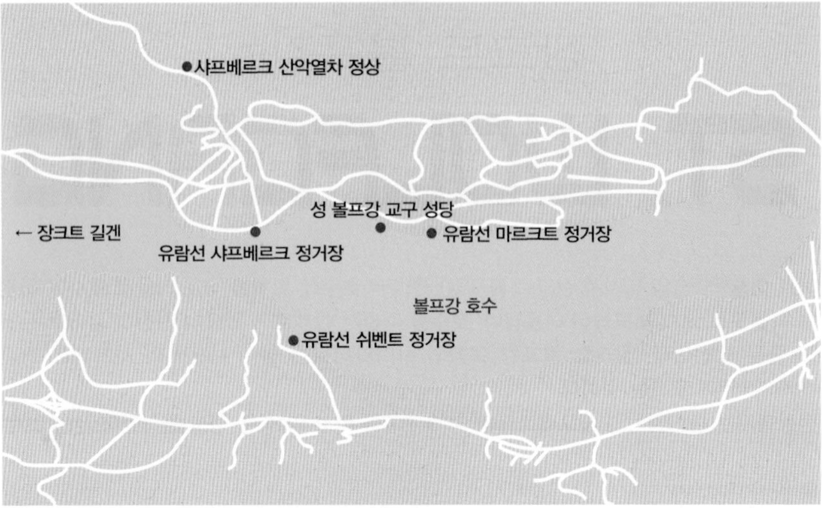

망대에서는 잘츠캄머구트Salz Kammergut 볼프강 마을 부근 산 중턱에 펼쳐진 넓은 목장지대는 '사운드 오브 뮤직'의 무대가 됐던 곳으로 마리아의 결혼식이 열린 몬트제 교회Mondsee를 볼 수 있다. 장크트 볼프강St. Wolfgang에는 대략 3,000명이 살고 있다. 이곳은 수도인 빈Wien에서 서쪽 방향으로 약 220㎞ 떨어져 있으며, 인근 도시인 슈웬트Schuwent에서는 북동쪽 방향으로 약 6㎞ 떨어져 있다.

가장 매력적인 유적지인 샤프베르크 철도를 타면서 장크트 볼프강 지역의 풍경을 바라만 봐도 좋을 것이다. 관광지인 성 미카엘 교회, 장크트 볼프강 순례 교회를 보고 몬드제 헤리티지 박물관 또는 장크트 볼프강 인형 박물관이 유명한데, 작은 박물관이므로 여유롭게 둘러봐도 좋다.

schauer

장크트 길겐

ST. GiLGEN

잘츠부르크Salzburg에서 35㎞ 떨어져 있는 모차르트의 어머니인 안나 마리아가 태어난 곳이다. 지금도 그가 살던 집이 남아 있다. 로프웨이를 타고 높이 1,522m의 볼퍼호른Zwolferhorn에 오르면 마을과 잘츠캄머구트Salz Kammergut의 전망을 잘 볼 수 있다. 장크트 볼프강에서 샤프베르크 산에 올라갈 시간이 없는 사람들은 이곳에서 전망을 즐긴다. 내려올 때는 트레킹 코스를 따라 걸어오는 것도 좋을 것이다.

잘츠부르크 역에서 장크트 길겐St. Gilgen 행 버스를 타고 50분 정도 걸린다. 잘츠부르크에서 장크트 길겐St. Gilgen으로 가는 도중에 보게 되는 푸슐호Fuschlsse 역시 규모는 작지만 아름다운 곳이다. 특히 단풍으로 물드는 가을의 모습은 절경이다.

버스

잘츠부르크 중앙역에서 150번 버스를 타고 50분 정도 이동하면 장크트 길겐에 도착한다. 바트 이슐에서는 기차역 앞에 있는 작은 버스터미널에서 150번 버스를 타고 40분 정도를 이동하면 된다. 장크트 길겐의 버스정류장은 없다. 단지 도로에 역을 표시하는 글자, 장크트 길겐 부스 반호프St. Gilgen Bus Bahnhof를 확인해야 한다.

유람선

· 운영기간 : Wolfgangsee–Schifffahrt
(4월말~10월말)
· 소요시간 : 장크트 길겐St. Gilgen
→ 장크트 볼프강St. Wolfgang
(45~50분 소요)

브루가우
Burgau
리에드
Ried
볼프강 호수
Wolfgangsee
장크트길겐
St.Gilgen
아브레제
Abersee

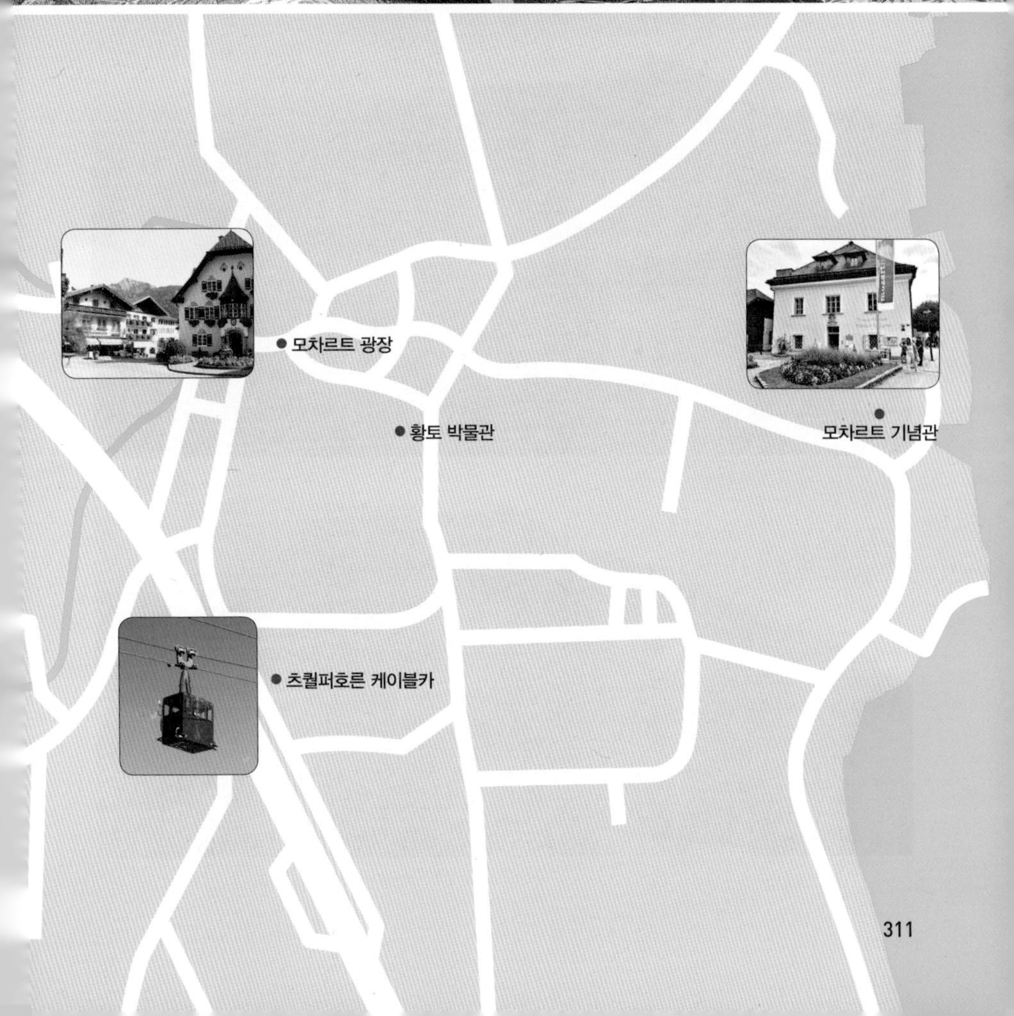
모차르트 광장
황토 박물관
모차르트 기념관
츠뵐퍼호른 케이블카

츠뵐퍼호른 케이블카
Zwolferhorn Seilbahn

할슈타트에서만 아름다운 호수를 볼 수 있는 것은 아니다. 12개의 봉우리를 뜻하는 '츠뵐퍼호른Zwolferhorn'이라는 이름의 츠뵐퍼호른Zwolferhorn 케이블카를 타고 1,552m를 올라가면 환상적인 볼프강 호수를 볼 수 있다.

4인용 케이블카는 60년이 넘는 세월동안 무사고로 운행하면서 안전한 케이블카로 알려져 있는데, 한여름에는 하이킹이나 캠핑, 겨울에는 스키를 타기 위해 많은 관광객이 찾는다.

🌐 www.12erhorn.at 🏠 Konrad-Lesiak-Platz 3 🕒 9~16시 15분 📞 +43-6227-2350

모차르트 광장 & 기념관

Mozartplatz & Moarthaus

장크트 길겐의 시청 앞 광장의 이름이다. 모차르트의 어머니가 태어난 앞마당이 지금은 광장으로 조성되어 있다. 모차르트의 누나인 난네Nannel가 이어서 17년 동안 살았다. 그래서인지 이름만 모차르트 기념관이고 주 전시는 누나를 조명한 전시관이다.

난네Nannel는 모차르트가 빈Wien으로 떠난 후에 부모님을 모시고 살았다. 33살에 홀아비 남작과 결혼해 아이 8명을 낳고 17년을 살았다. 남편이 세상을 떠나면서 잘츠부르크로 이사해 모차르트에 대한 자료를 정리하면서 말년을 보냈다. 그녀의 자료가 잘츠부르크에 전시되어 있다.
붉은 색 지붕에 크림색의 정면 벽이 눈길이 가는 건물이 시청이다. 이 앞에는 바이올린을 연주하는 모차르트의 동상과 새들이 분수대로 세워져 있다.

www.mozarthaus.info · Mozartplatz 5340 · € 5€(주말에만 10~12시) · +43-6227-20-242

몬드제
Mondsee

오버외스터라이히 주의 몬드제 호수 북쪽 유역에 자리 잡고 있는 몬트제Mondsee는 호수에서 알프스가 한 눈에 들어오는 아름다운 풍경과 하이킹 코스가 유명하다. 잘츠캄머구트Salz Kammergut의 진주라고 불리기도 하는 아름다운 몬드제Mondsee는 초승달처럼 생긴 호수에서 이름을 따 왔다.

신석기 시대까지 5천 년을 거슬러 올라가는 몬트제Mondsee의 수상 가옥들은 유네스코 세계문화유산에 등재되기도 했다. 오스트리아를 배경으로 1965년에 제작된 '사운드 오브 뮤직'

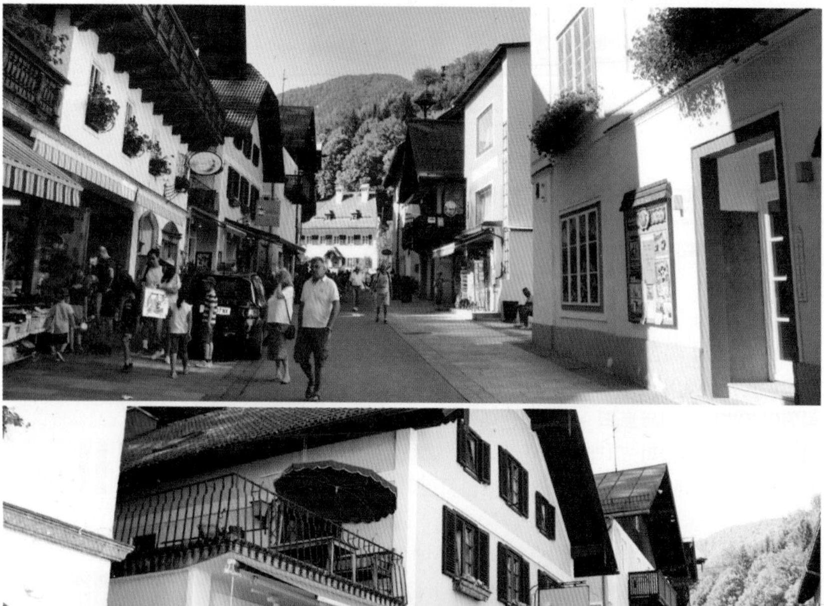